素人手記

暴かれた淫乱な私たち
~正淑な仮面の下に秘めた抑えきれない性欲~

愛の体験編集部 編

竹書房文庫

第一章

秘めた欲望を暴かれて

第二章 秘めた淫性を暴かれて

第三章 秘めた快楽を暴かれて

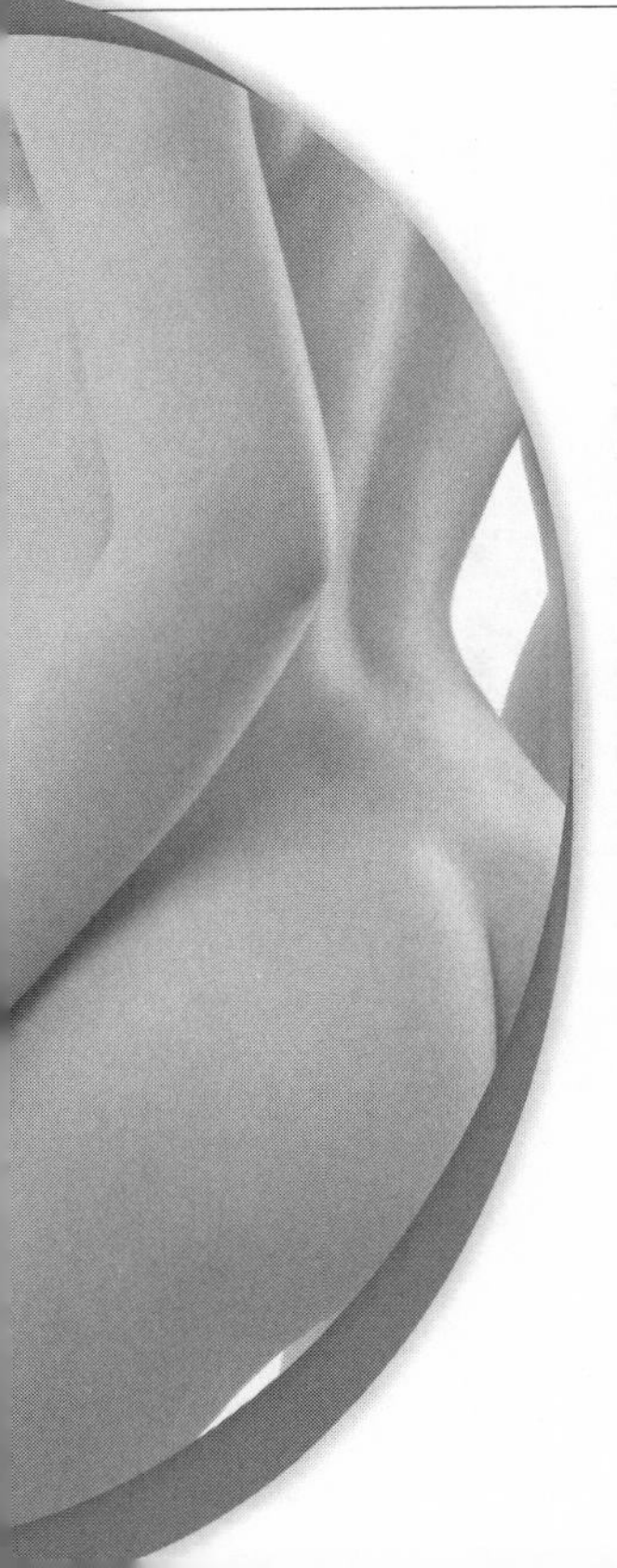

第四章　秘めた悦びを暴かれて

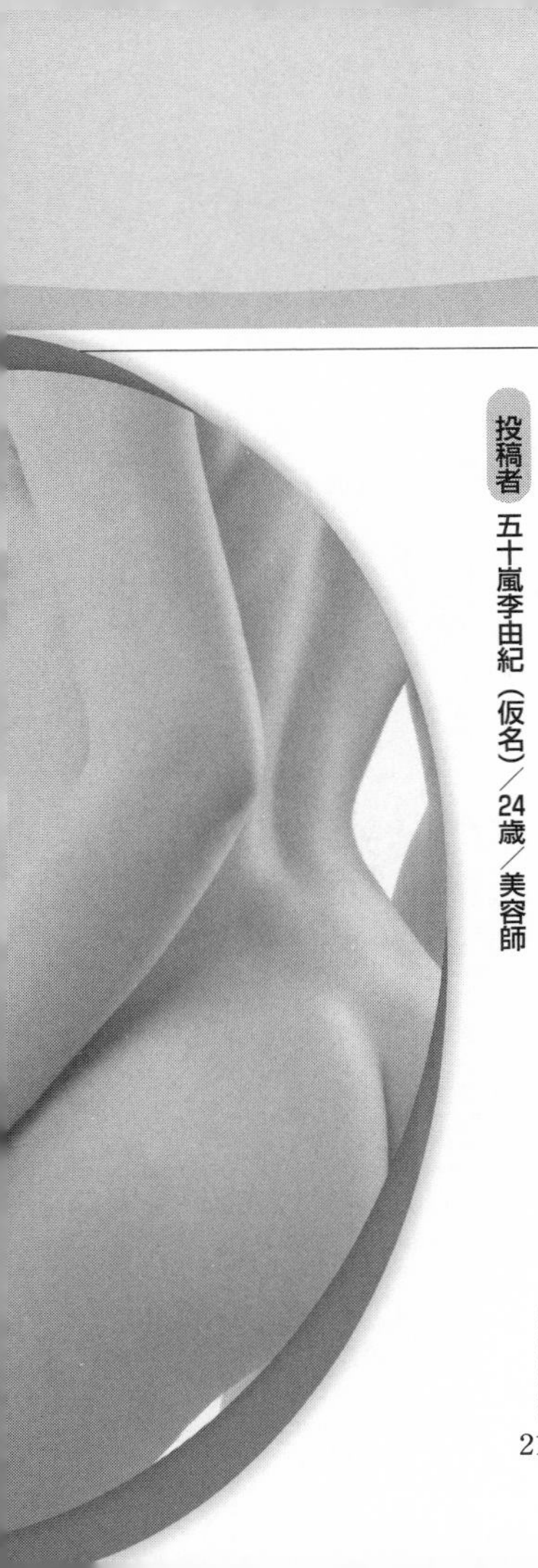

第一章

秘めた欲望を暴かれて

■彼の性器を咥え、舐めているうちに、自分でも信じられない感覚が身内から……

お嬢様の仮面を剝がれ、淫乱な本性を暴かれた私！

投稿者 三木はるか（仮名）／23歳／専業主婦

　私は、会社役員の父親と大学教授を務める母親のもと、二つ上の姉と共に厳格な家庭で育てられ、小・中・高から一貫のいわゆるお嬢様大学を出た後、一度も社会に出て働くことなく、父の勧めで結婚し家庭に入りました。

　夫となった人は父の会社に勤め、将来有望と父が一目置く大志さん（二十五歳）で、もちろん出自もしっかりした一流大学卒のエリートです。

「大志くんなら人間性もまちがいのない優秀な男だ。完璧な夫として必ずおまえを幸せにしてくれるよ。私の目は確かだ、信用しなさい」

　それこそ生まれてこのかた、完璧な人生コースを歩んできた父は自身の考え方、価値観に絶対の自信を持ち、夫唱婦随の母もそんな父の意見に異を唱えることは絶対にありません。

　そして私もまた、そんな両親の見識に全幅の信頼を置き、この先の結婚生活に対して何の不安も心配も抱いてはいなかったのですが……。

ある日のことでした。

都内の一等地にあるタワマン最上階、３ＬＤＫの自宅に夫が帰ってきたのは深夜十二時近くのことでした。いつもは必ず事前に連絡があるのにそれもなく、私は胸中いっぱいに不安を膨らませながら夫を出迎えたのですが、そんな私をさらなる驚きが見舞いました。

帰宅した夫は一人ではなく、もう一人別の男性が一緒だったのです。

「おかえりなさい……会社の方？」

夫と同じくスーツ姿の相手に目をやりながら私がそう言うと、

「……いや……いいだろ、そんなことどうでも」

と、これまで聞いたことのないような不機嫌でつっけんどんな口調で応えながら、夫はその男性を促しつつ室内へと入ってきました。彼のほうも何を言うでもなく、私に無言の会釈をしただけで、夫のあとにつき従ってきました。

私はそんな、夫が醸し出す不穏な雰囲気に恐れをなしながらも、あたふたと二人のあとを追いかける格好になったのですが、なんとそこで夫が向かったのは、いつもの帰宅時のようにリビングではなく、私たち夫婦の寝室でした。

（え？　え？　な、なんで……？）

初対面の男性に超プライベートな空間を見られることに激しい羞恥と抵抗を覚えながら、夫の真意を測りかねてうろたえるだけの私……でも、そのあとから私を襲った衝撃の大きさは計り知れないものがありました。

「おい、ユウヤ！　この女、素っ裸に剝け！」

夫が信じられない言葉を男性に向けて発し、そのユウヤと呼ばれた彼も何の躊躇をすることもなく「おお」と軽く応えると、スーツの上着をサッと脱ぎ捨てて私に摑みかかり、問答無用で服を脱がせにかかったのです。

「えっ、えっ？　な、なんで……？　ちょ、ちょっとやめてっ！　いやーっ！」

私はわけがわからぬまま無我夢中で抵抗しようとしましたが、その細身の見た目以上に屈強な肉体を持つユウヤの力の前ではなす術もなく、あれよあれよと言う間にブラウス、スカート、下着と脱がされていき……とうとう一糸まとわぬ全裸に剝かれてしまったのです。

「へえ、生粋のいいとこのお嬢さんだっていうから、どんだけ上品かと思ってたら、乳もでけえし、ケツもパンパンだし……めちゃ淫乱そうなカラダしてんじゃん！」

ユウヤは舐めるように私の全身を見回しながら、そんな下劣な言葉を投げかけてきました。そのあまりの心外さと羞恥に、私はカーッと頭に血が昇るのを感じました。

自分で言うのも何ですが、完全な箱入り娘として大事に育てられてきた私は、その高潔な倫理観のもと結婚するまで純潔を守り、処女は大志さんに捧げ……女として契った男性はただひとり夫だけなわけで、淫乱呼ばわりされる筋合いはこれっぽっちもありません。

なのに、それなのに……！

「ああ、今日はコイツの飢えたメス犬並の淫乱な本性を思いっきり暴き立ててやろうって魂胆さ……俺たち二人でな！」

この世で最上の夫として愛し、心の底から信頼していた大志さんが、まさかこんなこと言うなんて……！

ユウヤと二人して服を脱いで裸になりながら、放たれた夫の信じがたい言葉の石つぶてに、私は激しく打ちすえられ心で血を流し……魂が抜けたように呆然自失し、すっかり抵抗する気力を失くしてしまいました。

そうやってベッドの上でしどけなく裸体をさらしながら横たわる私を、夫とユウヤもまた全裸になって見下ろしてきました。そして夫が目で合図すると、

「えっ、ほんとに俺が先にヤッちゃっていいの？」

ユウヤは嬉しそうに言いながら、私の上半身を起こさせました。

その下半身はもう激しく屹立していて、彼はそれを私の口にねじ込んできました。

「ほらほら、そのかわいい唇で俺のチ〇ポ咥えて、舌でしゃぶり回してくれよ！　ダンナに……大志にいつもやってやってるんだろ？」

そう言われても、私は夫に対してそんなこと、一度もしたことがありませんでした。私たちの夫婦生活はいつも、お互いに性器を軽く触り合い、それぞれ昂ってきたところで重なり合いひとつになって、夫が放ったところで終わる……それ以上でも以下でもありません。

世間ではよく、『イク、イカない』と言いますが、私は実はイッたことがないかもしれません。でも、それでいいと思っていました。きっとそれが私たち夫婦の愛のカタチなのだろうと……要は子どもができれば、それでいいわけですから。

ところが、ユウヤに強制指示されながら彼の性器を咥え、舐めているうちに、自分でも信じられない感覚が身内から湧き上がってくるのがわかりました。

硬く熱い肉の棒で口内を蹂躙され、その先端から滲み出るえも言われぬ粘液を味わわされながら、今まで覚えたことのないような興奮が胎内で渦巻き、血が沸き立ち、体の芯の部分がズキズキと疼いてきて……それは、いったん彼が性器を私の口から抜き、今や私の唾液と彼の分泌液でネチャネチャにまみれているそれを私の両の乳房で挟ませ、ニュルニュルと揉み擦らせながら、さらにしゃぶらせる……あとでそれをパイズリフェラというのだと聞きましたが……行為をさせられると、さらに信じられないくらいエスカレートしていきました。

私の性器はとんでもない量の粘液を溢れさせ、垂れ流し……もう早く硬くて大きな異物を入れてほしくて入れてほしくて、どうにもたまらなくなってしまったのです。

そんな感覚、生まれて初めてでした。

ひょっとしてこれが……淫乱になるってこと……？

それまで私は、淫乱という言葉の響きを下劣で忌まわしいものと捉えていましたが、それも何だか素敵なものに変わっていました。だって、こんなにキモチいい感覚なんだもの……しょうがないんじゃない？　って。

そんなところへ、ついにそれまで黙っていた夫が乱入してきました。

私は再び力任せにベッドに押し倒されると、下の性器をユウヤの熱い昂りで貫かれ、上の性器……唇を夫のいきり立ちで貫かれました。それは、これまでの夫婦生活で見たこともないような凄まじいまでの迫力でした。

「んんっ、んぐっ……ううく、ううっ……んんんんん〜〜〜〜〜っ！」

私は二人の男の激しすぎる欲望の迫力に一気に翻弄されながら、未経験の気が狂いそうなほどの快楽の炎に焼かれていました。

「んあっ、あ、ああ……はぁ～～～～～～！」

そしていよいよクライマックスが迫ってくると、思わず夫の性器を口から放し、恥も外聞もなく大声で絶叫しながら、どんどんどんどん昂って……！

「んあぁっ……もうダメッ……イクイク、イッちゃう～～～～～！」

私は生まれて初めての絶頂に達し、その快楽の悦びを思う存分堪能したのでした。

その後、ユウヤもフィニッシュし、交代した夫も私の中で精を放ちました。

あとで話を聞くと、その日、どうやら夫は会社で父から激しく叱責され、プライドをいたく傷つけられたそうで……その仕返しに、かつての悪友の力を借りて私を蹂躙してお嬢様の仮面を剥ぎ、淫乱の本性を暴いてやろうと。

まあ、彼としても日頃、高圧的な父に対していろいろ思うところがあったのでしょうね。それなりに気が晴れたようでよかったです。

問題は、一度暴かれてしまった私の淫乱な本性……今後、夫と二人の健全な夫婦生活だけで、果たして満足できるのでしょうか？

■まくり上げられたTシャツの下から、兄がアタシの乳首をチロチロと舐めて……

実の兄と交わり本当の愛の悦びを知ったアタシ

投稿者　柳浦真理子（仮名）／27歳／エステティシャン

今だから明かせる、アタシのたぶん一生忘れられない思い出、今日は話しちゃおうと思います。

それは今から十一年前、まだアタシが高校一年だった頃。

友だちは皆、学校の勉強より部活より、恋バナに夢中で、毎日気がつけば、どの男子が好きだ、あの先輩がカッコイイ、何組の誰それはもう体験したらしい……といった話題に花を咲かせ、当然そのホコ先はアタシにも向けられてきました。

「ねえねえ、マリコはいったい誰が好きなのよー？」

「えっ、アタシ？　う〜ん、アタシは別にこれといって……」

「そんなこと言って！　三組の○○くんがマリコのこと好きだって言ってたみたいだよー？　カレ、けっこうカッコイイから、一回付き合ってみれば？」

「そーだよ、そーだよ！　付き合って、ヴァージンなんてめんどくさいもん、とっとと捨てちゃおうよ！　ね？」

「あ、あはは……そ、そだね……」

なんてかんじで、無理くり調子合わせてたんだけど、正直、皆のように無条件で熱くなれない自分がいました。

それはどういうことかというと……。

アタシには二つ上の兄がいて、当時、大学受験勉強の真っ最中だったんだけど、その兄のことが、何だか気になって気になってしょうがなかったんです。

兄は特別カッコイイわけでも、頭がいいわけでもなく、どちらかといえば地味で物静かな冴えないタイプだったけど、どういうわけだかアタシにとっては、どんなカッコイイ先輩より、イケてるクラスメイトより、目が離せない存在で……あーもう、いったい何なんだろうって、ほんと自分でもワケわかんない状態でした。

でもそんなある日、いきなりそのワケが判明したんです。

それはまだ夏の暑さの残る、九月下旬の日曜日の昼下がりのことでした。

両親は親戚の法事に出席するために朝から家を空け、夕方すぎまで戻らない予定で、アタシは自分の部屋でベッドに横たわり、ポータブルCDプレーヤー（まだスマホがあまり普及してない頃です）からイヤフォンでお気に入りの音楽を聴きながら、ティーン誌を読んでいました。兄は隣りの自室でいつもどおり受験勉強中。

するといつさっきコンビニで買ってきた昼ゴハンを食べたばかりということで、お腹いっぱいのアタシに睡魔が忍び寄ってきて……音楽を聴きながら、いつの間にか眠ってしまったようでした。

それから一体どれだけ時間が経ったのか、アタシは自分のカラダに妙な違和感を覚えて眠りから覚め、目を開けました。

そして自分が目にしたもののあまりの衝撃に一瞬言葉を失い、凍ったように全身が固まってしまったんです。

なんとすぐ目の前に兄の頭があり、まくり上げられたTシャツの下から露わになったアタシの胸を……乳首をチロチロと舐めていました。自室ということでアタシは完全にリラックス状態、ノーブラだったのが仇になったわけですね。

一瞬後、ハッとなり凝固状態から脱したアタシでしたが、兄の信じられない行為に驚愕しながらも、なぜだか暴れて抵抗したり、大声をあげたりといったことはしませんでした。

それは……決してイヤじゃなかったから。

それどころか、自分の身中で脈打つ昂りさえ感じていました。

「おにいちゃん……」思わずそう声に出すと、アタシが目を覚ましたことに気づいた兄は一瞬動揺したようでしたが、目を合わせたアタシの中に抵抗心を感じなかったからか、すぐに表情を柔らかく緩め、言いました。

「ごめんな、マリコ。イヤだったらすぐにやめるけど……」

「ううん、ちょっとびっくりしたけど……イヤじゃないよ」

アタシはそう応え、自分のほうから唇を兄の顔のほうに寄せていきました。

兄もそれに応え、お互いの唇が触れ合うと、すぐに舌のからませ合いが始まりました。ニュルニュルと舐めまさぐり、ジュルジュルと唾液を啜って……アタシの中を甘い陶酔が満たしていきました。

そしてその中で、アタシはとうとう気づいたんです。

アタシ、おにいちゃんのことが好きだったんだ。

本当は前からずっと、おにいちゃんとこうして愛し合いたかったんだ。

それは血縁の障壁を越えた、まぎれもない恋愛感情だったんです。

果たして、兄のほうもそうだったのかどうかはわかりません。ひょっとして兄は、受験勉強のストレスを解消し、プレッシャーを一時忘れるための自己中で衝動的な行為として、アタシのカラダを求めただけだったのかもしれません。

でも、そんなのはどうでもいいこと。

肝心なのは、アタシが兄への自分の本当のキモチに気づき、その想いを遂げられる絶好の機会が今、目の前にあるということ……。

アタシは頭からTシャツを脱ぎ、短パンも下着も脱ぎ捨てると、自分から全裸のカラダを兄にぶつけていきました。兄もそれに応えてちょっと慌てたように自分も裸になると、アタシたちはしっかりとお互いを生身で抱きしめ合いました。

アタシが兄の熱い体温を全身でとろけるように味わっていると、今度は兄の唇が激しくアタシの胸をむさぼってきました。乳房を飢えたように舐めしゃぶり、乳首を喰いちぎらんばかりに吸い立てて……！

「あん、ああっ……か、感じるぅ、おにいちゃぁん！」

まだ他の男が誰も触れていないソコは、未体験の刺激に感応して痛いくらいにズキズキと疼き昂り、当然それはさらに敏感な下半身へと伝わっていって。

「ああっ、おにいちゃん！　アソコが燃えるみたいに熱くて……何だかヘンだよお！　アタシ、おかしくなっちゃいそう……あん、あん……」

たまらずアタシがそう言って喘ぐと、兄のほうも、

「お、俺もっ……もうこんなになっちまってるっ……！」

と呻くように言い、怖いくらいに巨大に変貌したアレを見せつけてきました。最後にアタシの記憶の中にある、小学生のときの兄のそれとはまったくの別物でした。

「くうっ……もうたまらない……マリコ、これお前の中に入れてもいいか……?」

とうとう兄がそう言い、まだ未経験のアタシはさすがにちょっと怖かったけど、

「うん、いいよ……おにいちゃんのでアタシの中、いっぱいにして……」

と答え、ついにアタシたちはひとつになったのでした。

おそらく兄も初めてだったろう、そのテクニックも何もない、ひたすら荒々しいだけの挿入を受け入れながら、アタシは炸裂する激痛の中で、でも次第にえも言われぬ甘い感覚に呑み込まれていきました。

そして最後、兄の吐き出したザーメンがアタシの流血と混じって、淫らな赤白のマーブル模様の液体となってアソコから流れ出したとき、アタシは言い知れない悦びと満足感を覚えていたんです。

幸い妊娠するようなこともなく、これからも、このとき一度きりの兄との『いい思い出』として、アタシの中で生き続けることでしょう。

■感触も動きも異なる二つの舌に、左右の乳首をニュルニュル、ヌチュヌチュと……

強制3Pセックスで未体験のよろこびに目覚めた夜

投稿者　榊原瑠衣（仮名）／25歳／OL

目が覚めたそのとき、わたしは何ともいえず鈍く重い頭の痛みと、ムカムカする吐き気を覚えた。

（あれ、わたし、何でこんな……？　そうだ、たしか梨花と二人で飲んでて、そこへけっこうイケてる二人組がナンパしてきて……）

ふんわりしたベッドらしきものの上に寝転がって、まだ若干ボーッとしてる頭で、わたしはだんだんと、いろいろ思い出してきた。

（そうだそうだ、それでしばらく男女四人で楽しく盛り上がって飲んでたけど、そのうち梨花がもう帰らなくちゃいけないって言いだして……）

でもわたしは梨花が帰っちゃったあとも、一人残って彼らと飲み続けて……あれ、それからどうしたんだっけ？

と、そこから先の記憶はプツンと途切れてた。

そして、ハッと気づいた。

（な、何でわたし、ハダカなの？）

改めて周囲を見回してみると、どう考えてもそこはラブホの一室らしき、普通とは違うムーディーで特殊な空間で、わたしはそこのキングサイズのベッドの上にスッポンポンの格好で座ってて……正面の壁一面が鏡張りなので、イヤでもその現実が目に入ってきてしまう。

（ヤダ……何なの、コレ……？）

ワケわかんないままのわたしだったけど、そこへいきなり、

「おや、やっとお目覚めかい？　おっはよー！」

という、やたら能天気な声が聞こえたかと思うと、入口から二人の全裸の男が入ってきて……もちろん例の、わたしと梨花を飲み屋でナンパしてきた連中だった。

「ほんとほんと、待ちかねたよーっ！　さあさあ、三人で楽しもうぜ！」

また別の声がそう言い、たしかにそいつはその先走り気味の言葉どおり、すでに股間のモノをビンビンに勃起させてた。

「ちょ、ちょっとちょっと！　何なの一体⁉　わたし、そんなつもりなんて全然ないんだから……こ、こんなの犯罪だよ！」

わたしは連中の邪な思惑を知って、ビビる内心をどうにか押し隠して必死で強がってみたけど、どうにも声の震えを抑えることができなかった。

「へへへ、そんな強がってもムダだぜ。あんたの素っ裸の恥ずかしい画像はしっかりスマホで撮らせてもらったから、ヘタなことすりゃあネットにばらまかせてもらうよ。それでもいいの？」

勝ち誇ったような顔でそう言う相手に、わたしはグッと唇を噛むしかなかった。

「そうそう、そうやって素直にいうこと聞いたほうがいいよ。ほんとはあんたのツレもすげぇイイ女だったから、こっちは皆で4Pヤリたかったんだけど……まあ、仕方ない、代わりにあんた一人でガマンしてやるよ」

完全にわたしをヤル目的で、酔いつぶれさせてここに連れ込んだってわけね。

しかも用意周到にスマホで弱みまで押さえて。

わたしはもう観念するしかなかった。

それにしても3Pだなんて……わたしはこれまで複数プレイの経験はなく、どうにも不安だった。今付き合ってるカレシの潤とも、ごくノーマルでオーソドックスなセックスしかしたことないし……。

するると、

「ほらほら、そんなサエない顔してないで！　どうせヤられるなら……楽しく、キモチよく、ね？」

と、彼らはまるで萎縮するわたしを鼓舞するみたいに陽気に言いながら、ベッドに上がりこちらににじり寄ってきた。そしてわたしを挟むように両脇に陣取ると、それぞれ左右のオッパイに触れてきて……。

「おおっ、いい揉み心地……この柔らかさ、たまんねえなあ」

「ほらほら、もう乳首が立ってきた。感じてんの？」

二人にムニュムニュと乳房を揉みしだかれ、コリコリと乳首を摘ままれ、こね回され、わたしのカラダは否応もなく反応してしまった。まだ不安はぬぐえないけど、キモチよさには逆らえない……。

「んん〜〜っ、おいしそう〜〜！」

すると今度は、二人ほぼ同時に乳首をしゃぶってきた。

感触も動きも異なる二つの舌に、左右の乳首をニュルニュル、ヌチュヌチュと舐めしゃぶられ、吸い責められて、わたしは生まれて初めて味わう、そのえも言われぬ妖しい官能に、たまらずとろけそうになってしまった。

「あ、ああっ……は、はぁっ……んあっ、ああっ……！」

「うおっ、すげえ、乳首ますます尖っちゃって、今にも破裂せんばかりにパッツンパッツンだ！　ほらっ、もっとこうしてやる……ジュブニュブジュルジュブブ～～～！」

さらに激しくなった二人の乳首責めの快感に、わたしはもう昇天寸前。感じすぎて息も絶え絶えだったんだけど、それに加えて、同時に股間をいじられ始めてしまったものだから、もう大変！　クリトリスをこね回され、ヴァギナの肉びらを掻き回されて……もはや恥ずかしいくらいとんでもない量のおツユを溢れさせてしまってるわたしのソコは、ヌチャヌチャ、グチャグチャ、ジュブジュブ、ビチャビチャと、思わず耳をふさぎたくなるくらいの大ボリュームで淫らで激しい音を響かせ、わたしは下半身をのたうたせてヨガリ狂ってしまった。

「ああっ、あぁ、はあぁ……んあっ、あん、はぁう……ひあっ！　くあっ、あうっ、はっ、はっ、はっ……あ、あああぁぁぁ～～～～ん……！」

そしてとうとう……ビクッ、ビクビクッ！　とカラダを痙攣するように打ち震わせ、わたしはものの見事にイッてしまった。

それは、ついさっきまで心中にあった不安が、消し飛んでしまった瞬間。

男たちは、そんなわたしの痴態をニヤニヤしながら見つつ、こう言った。

「どう？　よかっただろ、俺らのエッチ・コンビネーション？　それじゃあ今度は、こっちを楽しませてもらおうかな」

そして両脇に立ち上がると、わたしに二人同時フェラを求めてきた。

もはやわたしに、その要求を拒絶するような気持ちはこれっぽっちも残ってはいなかった。自分の左右両側、ちょうど顔の高さでそそり立っている彼らの二本のペニスの根元をしっかりと握り込むと、お望みの同時フェラを喜々として始めて。

「はぁ、はぁ、はぁ……んじゅぷ、んぶっ……ピチャピチャ、ジュルル、ジュルル、ンジュブ……あっ、んあっ……んぶっ、うぶ……！」

亀頭を咥え込み、張り出したカリをレロレロと舐め、血管の浮き出したサオに舌を這わせ、玉袋をズッポリと口内に含んでクチュクチュ、コロコロと吸い転がして……わたしの無我夢中のフェラ責めに、彼らのペニスもますます太く硬く、巨大に増長して、今やその先端からダラダラと透明な粘液を垂れ流している。

「んくう、すげえテクニック！　おねえさん、あんた相当のヤリマンだったんだねえ……ま、こっちはそれで大歓迎だけど」

「……って、あんまりよすぎて、俺、もうヤベェよ……ああ、いいっ……」

声を昂らせながら口々に言う彼らだったけど、ついに「もうヤベェよ」って言ってたほうが、あたしの口からペニスを抜くと、正面から押し倒してわたしの中に突っ込んできた。もちろん、もう濡れ濡れグチャグチャのわたしのソコは何の抵抗もなく、ズルリとソレを呑み込んでしまう。

「あ、おまえ、それ抜け駆け！　きったねーなー、俺もう入れたいのに～！」

片方が愚痴ったけど、言われたほうはもう聞く耳持たず、怒涛のピストンでわたしを貫き、ものの五分とかからず射精してしまった。

そしてまだそのザーメンが残ってるっていうのに、二本目のペニスが入ってきて……今度はかなり長くじっくりと、わたしのカラダを揺らし抜き差しした。

「うっ、うう……もう、出るっ……ぐうっ！」

「あひっ、ひっ、ひぃ……あ、ああ～～～～～～～！」

彼のフィニッシュを受けて、わたしもまたイキ果ててしまった。

犯罪同然のやり方で3Pセックスを強制されてしまい、不安と恐れでいっぱいのわたしだったけど……『案ずるより産むがやすし』かな？　それはちょっと病みつきになってしまいそうなステキな体験だった。

■私はたくましくみなぎった竿をますます激しくしごき立てながら、タマ袋を口内で……

訪問セールスは青春の愛と欲望に激しく燃えて！

投稿者 吉田梨花（仮名）／31歳／パート主婦

その日はパートが休みだったので、私は朝、夫を勤めに送り出したあと、自宅マンションで溜まっていた洗濯や掃除といった家事に精を出し、それが一通り片付いた午後一時頃のことでした。

ダイニングでパンとサラダの軽い昼食を食べ終わろうとしていると、玄関チャイムが鳴り、誰かが訪ねてきたことを告げました。私は最後の一口を冷たいルイボスティーで飲み下し、玄関へ向かいました。相手を確かめ、宅配業者さんとかでなければ居留守を使おうと、そおっとドアの覗き穴から外を見てみると、相手はきちんとスーツを着込み黒いカバンを持った、明らかに何かのセールスマンといった感じの男性で……普通はそんなの、秒で門前払い（居留守）決定ですが、私はそうはしませんでした。

なぜなら、私とおそらく同年代に見える彼は、明らかなイケメンだったから。

といっても、別に昼下がりの不倫エッチがしたいとか思ったわけではなく（夫との性生活には充分満足していましたから）、こんな素敵な男性と少し話しができるだけで、いつもとは違った刺激があってきっと楽しいだろうなあ、ぐらいに軽～く思って……私はドアを開け、彼を家に迎え入れていたんです。

うちはリビングなんてない狭い２ＤＫの賃貸なので、さっき自分が飲んでいた冷たいルイボスティーをグラスに注いで出してあげると、彼とは狭いダイニングテーブルを挟んで向き合う格好になりました。

彼の売り物は、よくある健康美容食品で、それ自体は大して面白みのない商品でしたが、その耳心地のよい、セクシーな低音ボイスで語られるセールストークはなかなか軽妙洒脱で、私は楽しくノリよく、彼との会話のやりとりを愉しんでいたところ、ひょんな流れで、実はお互いにバリバリ地元が同じであることが判明してから、がぜん親近感が湧き……しかも二人同じ歳で、中・高は違ったものの、次々と共通の知り合いの名前が出てくるに及んで、話が思わぬリアルな熱を帯びてきました。

「……えっ、○△美樹と付き合ってたの？　マジ⁉　あれ、ヤな女じゃなかった？」

「いや、まあ、そう言われれば……でも、カラダはよかったしなあ……ハッ！　す、すみません、ヘンなこと言っちゃって……失礼しました！」

「……あ、やっぱり？　そうそう、あの子、ヤリマンで有名だったのよねぇ……思い出してもムカツクわ！　当時、私が好きだった男子もアイツに入れあげてて……あ、じゃあさ、×△翔平って知ってる？」

「あ、それ、隣りのクラスでした……」

そうやって、彼とリアルで熱いチョー地元の昔話を交わしているうちに、何だかどんどん当時のほとばしるような感覚がよみがえってきてしまって……すると私は、さらに自分の中に、また別のみなぎるような奔流が噴き上げてくるのを感じました。

それは私のカラダの奥の芯のほう……具体的にいえば、下腹部のさらに下の女性器のあたり、熱く湿った肉ヒダがジンジンと疼き、ヒクヒクとうごめいて……。

「はぁっ……私、なんだか、ヘンになってきちゃった……」

全身が燃えるように火照り、意識がトロンととろけるようになった私は、その潤んだ視線をまっすぐに彼に向けました。

すると、彼のほうにもそんな私の異変が赤裸々に伝わったようで、

「お、奥さん……僕もなんだか、すごく……熱い……！」

息を荒げ、スーツの上着を脱ぐと、もどかしげにネクタイをほどきながら、席を立てダイニングテーブルを回り込み、私のすぐ隣りにやってきました。そして、

「奥さんなんていやよ、名前で……梨花って呼んでっ！」

私は吠えるように言うと、自分から彼の唇にむしゃぶりついていました。

「……んあっ、ああ、はぁっ……美樹なんて……あんなクソ女に負けないんだから！」

「んあぁ……り、梨花っ……！」

私の熱に押されて、彼のほうも十代の頃の昔の自分に立ち戻ったようでした。

力強く唇を吸い、淫らに舌をからめてむしゃぶりつき返してきて……私たちはお互いの口から垂れ流される唾液にまみれながら、服をむしり取り、脱がせ合い、とうとう全裸で向き合う格好になりました。

今や二人とも、ひたすらまっすぐな想いを抱え、爆発せんばかりの欲望のエネルギーを孕んだ、ピュアな存在と化していました。

既にお腹に付かんばかりの勢いで垂直にペニスを勃起させながら、彼は私の剝きだしの乳房を揉みしだき、噛みつかんばかりの勢いで乳首を舐めしゃぶり、吸ってきました。その荒々しいまでの快感に悶え喘ぎながら、私も彼のペニスを摑み、たっぷりの先走り液でグチャグチャと淫音を立てながら、激しくしごき上げました。

「んあっ、はぁ、あ……くぅ……梨花っ……！」

「……あん、はぁ、あ……んあぁ……」

彼は、口での乳房への責めと同時に、私の濡れたアソコに指を突っ込み、グチョグチョ、ジュプジュプと抜き差し、掻き回してくるものだから、私はもう感じすぎて、思わず腰が抜けるようにくずおれてしまい……でも彼のペニスを放すことはなく、そこからノンストップでフェラ攻撃を仕掛けていきました。

今にも弾けんばかりにパンパンに張り詰めた亀頭を、子供が大きな棒付きキャンディを味わい尽くすように、ペロペロ、チュパチュパ、ヌポヌポと舐め回し、吸いしゃぶって……たくましくみなぎった竿をますます激しくしごき立てながら、タマ袋を口内でコロコロ、クチュクチュと転がし舐めて……！

「あ、ああっ、梨花……すげぇ……オレ、よすぎてもう出ちゃいそうだ……」

いつの間にかさっきまでの『僕』が『オレ』に変わったのを嬉しく意識しながら、

「ああん、ダメ！　まだダメなんだからぁっ！」

私は責めるようにそう言うと、彼を床に引きずり倒し、二人もつれ合うように横たわりました。そしてシックスナインの体勢になってお互いの性器をしゃぶり合い、味わい合って……。

私は昨今の夫とのエッチでは感じたことのない、フレッシュかつ野蛮なまでにエネルギッシュな昂りを感じていました。それはまさに十代の頃に立ち戻ったような、混じりけナシの興奮と快感……！

「ああっ！　早く入れてっ！　私のオマ○コ、ガバガバの美樹なんか比べものにならないくらい、サイコーに気持ちいいんだからぁっ！」

そう言って大きく両脚を広げて呼び招くと、ガバッと覆いかぶさった彼は、ガチガチに熱くみなぎったペニスを私のアソコに突き入れてきました。

「あ～～～っ！　いいっ……いいわぁ……サイコーッ！　もっともっと突いてぇ！」

「はぁ、はぁ、はぁ……ああ、梨花、梨花ぁっ！」

うなる肉塊、怒濤のピストン。

乱れる肉ヒダ、わななく肉壺。

炸裂するワイルド&ピュアな快感の光芒の中、私たちは激しく達していました。

その後、私は大して欲しくもなかったけど、自分をあの懐かしくも熱い時代に帰らせてくれたせめてものお礼という意味で、彼の商品を一万五千円分だけ購入させてもらいました。私のパート収入のほぼ四日分。家計にとってはまあまあイタかったけど、私は全然、後悔はしていません。

■彼女のとろけた肉ひだが、ヒクヒクと妖しく蠕動しながらペニスを締め上げて……

上司の若妻の長年に渡る性の忍耐の呪縛を解き放った僕

投稿者 野村将暉（仮名）／36歳／会社員

その日は課内のベテラン社員のKさんが、お父さんの急逝によって実家の家業を継ぐべく、会社を辞めて田舎に帰るということで送別会が開かれました。その席で一番悲しんだのは上野課長（四十三歳）でした。

何を隠そうKさんは、新卒入社の頃から課長が可愛がり、手塩にかけて指導して育てた愛弟子のような存在でしたから。不幸にもKさんは仕事はすごくできるものの、責任感と同時に正義感も人一倍強く、社内上層部の不正疑惑を追及したことで上からにらまれ出世コースからは外れてしまいましたが、課長の尽力によってクビだけは免れ、課長の懐刀のような形でこれまでがんばってきたという経緯もありました。

最後にKさんを送り出し、二次会が終わったのは夜中の一時すぎ。もちろんもう電車はありませんから、僕がへべれけになって完全に酔いつぶれた課長をタクシーで自宅まで送っていくことになりました。幸い、僕の家がそこから徒歩十五分ほどと近かったんです。

課長の自宅マンションに着くと奥さんが出迎えてくれたのですが、僕は驚きました。課長にはお子さんがおらず、奥さんと二人暮らしという話を聞いていましたが、その奥さんが娘さんかと見まがうほど若く、また綺麗だったからです。

「お手数おかけして本当にすみません。うちの主人、普段はほとんど飲まないので、滅多にこんなことはないのですが……」

玄関を上がり、二人で左右両脇から手分けして課長を支え寝室のベッドへと運びながら、奥さんが僕に申し訳なさそうに言いました。

「いえいえ、課長にはいつもお世話になってますから、こんなのお安い御用ですよ」

僕はそう応え、課長をベッドに寝かせると、奥さんと二人、居間へと戻りました。

そこで奥さんに勧められ、リビングのソファで向き合いながら熱いお茶を啜っていた僕は、何気ないふうを装い、気になっていたことを訊いたんです。

「……あの、失礼ですけど奥さん、おいくつですか？　課長に比べてずいぶんお若いようにお見受けしたんですけど……」

一瞬の間のあと、奥さんは答えました。

「二十九です。主人とはほぼひと回り違います」

まさか、今年で三十二になる僕の妻より若かったとは。

課長と奥さんの馴れ初めなど知る由もありませんが、僕はうらやましくて仕方ありませんでした。

まちがってもイケているとは言い難い、冴えない見た目の課長の奥さんが、僕の妻よりも若くて綺麗だなんて……いやいや、そんなことで文句言ったってしょうがないじゃないか！

僕は気を取り直してお茶を飲み干すと、奥さんに家が近いのでもう帰りますと告げました。「あ、そうなんですか……ありがとうございました」奥さんは少し寂しげな様子でそう言うと、玄関へ向かう僕を見送るべくついてきました。

「それじゃあ、課長によろしくお伝えください」

「はい……どうぞお気をつけて」

という奥さんの声を背に、ドアを開けようとノブに手をかけたときのことでした。

僕はいきなり背後から、思わぬ温かな衝撃を受けたんです。

もちろんそれは奥さんで、僕の背に飛びかかり、取りすがりながら言いました。

「お願い、まだ帰らないでください！　寂しいの……もっと一緒にいてっ！」

僕は思いもしなかった奥さんの訴えにたじろぎつつ、ゆっくりと振り返ると、正面から奥さんを抱きしめる格好になりました。

「……お、奥さん、どうしたんですか、いったい……?」

奥さんの背を撫でさすりながら、望外の展開に喜び昂る内心を押し隠しつつ問うと、奥さんの答えは予想外のものでした。

「うちの人、アレが役に立たなくて……できないの。前はクスリとか使って少しでも勃つように努力してくれて、多少は夫婦生活もあったけど、そのうちあきらめちゃったみたいで……私、もう丸五年も……シテないのよ」

それは驚きの告白でした。

そしてそんな境遇に不満を抱えつつも、親同士の決めた政略結婚めいたものだったので、この先も現状にガマンするしかないというのです。

僕の中で強烈に熱くこみ上げる欲望が、まだ二十代半ばという若い身空で自らの欲望を封印せざるを得なかった彼女の不憫さが、まさか上司の妻と関係を持つなんて、という良心の呵責や罪悪感をあっという間に吹き飛ばしていました。

「お、奥さんっ……!」

僕は、見た目以上に豊満な彼女の肉体を服の上からまさぐり回しながら、濃厚な口づけを見舞っていました。彼女も必死でそれに応え、お互いの舌がヌメヌメ、ニュルニュルとからみ合い、求め合い……啜り溢れた二人の唾液が混ざり合って、ダラダラと双方の顎から首筋をしたたり流れ、濡らしていきました。

「はぁ、はぁ、はぁ……奥さん、奥さん……っ!」

「あ、ああん……野村さんっ……!」

僕と奥さんは二人もつれ合いながら、再び居間のほうへと戻っていくと、ソファセットの間にあったロウテーブルを足で押しのけてスペースを作り、そこへ倒れ込むように横たわりました。そして剝ぎ取るように荒々しく、お互いの服を脱がし合っていって……。

それから、すぐ奥の寝室で課長が眠っているというのに、僕と奥さんはとうとう恥ずかしげもなく全裸になり、煌々と明るく部屋を照らす照明の下、むさぼるように淫戯に耽っていったんです。

僕は、豊満な肢体をさらす奥さんの上に覆いかぶさり、その水蜜桃のようにふくよかで瑞々しい乳房の果実を舐め味わい、濃い桃色を湛えてツンと尖った甘やかな桜桃の実を舌で転がししゃぶりました。

「んあっ……あぁ、はぁ……っ……」

奥さんは、これまで溜めに溜めていたものをすべて吐き出すかのように、甲高く大きな喘ぎ声をあげてよがり悶えながら、僕の股間に手を伸ばし、すでに恐ろしいくらいに固く大きく怒張しているペニスを摑みしごいてきました。そして乳房乳首への快感と相まって、まさに感極まったように、

「んあぁっ……す、すごい！　ホンモノの……男の立派なチ○ポ！　私の手の中でドクドクと熱く脈打って……た、たまらないわ！　舐めさせてぇっ！」

叫ぶように言うと、体を入れ替えて僕の上になり、お尻を僕の顔のほうに向けながら激しくペニスをしゃぶり始めました。当然、僕も目の前にある彼女のアソコに食らいつき、そのプックリと膨らんだクリ豆を、甘く淫らな果汁をたっぷりと湛えた花弁を、ジュルルル、ジュブジュブとあられもない音をたてて責め立てました。

「あひぃぃ……あっ、はぁぁ……か、感じるぅ～～……気持ちよすぎておかしくなっちゃいそう～～～……あう、はぁっ……！」

「んあっ……お、奥さん……僕のほうも最高に気持ちいいですっ……んくぅぅ……も、もう……出ちゃいそうだ……」

僕が息を喘がせながらそう言うと、

「ダ、ダメよっ！　出すのなら私の中で出してっ！　濃ゆいのいっぱい、ドクドク私の中に注ぎ込んでぇ～～～っ！」

奥さんのその絶叫を合図に、僕はガバッと身を起こすと、奥さんがそっちのほうがいいと言うので、四つん這いにさせた彼女のバックから、限界までいきり立ったペニスを突き入れていました。火傷しそうなほど熱く燃えただれ、濡れとろけた肉ひだが、ヒクヒクと妖しく蠕動しながらペニスを締め上げてきます。それはもう、子供を二人も産み、それなりに緩んでしまった妻の感触とは、比べものにならないくらい凄まじいマン力でした。

おかげで僕は抜き差しを始めたはいいものの、ものの五分とかからず極まりが迫ってきてしまい……がぜん激しく腰を動かし突いていました。

「あ、ああっ、奥さん、奥さんっ……！」

「んあぁっ、あ、ああっ……イクイク……もう死んじゃうぅ……あひ、あ、ひぃっ……ああ……あぁぁああああ～～～～～っ！」

僕が吐き出した大量のザーメンを直接受け止めながら、彼女は積年の欲求不満をぶちまけんばかりの勢いで、全力絶頂に達していました。

それ以来、長年に渡る性の忍耐の呪縛から解放されてしまった奥さんと僕の、秘密で禁断の関係が続いているというわけなのです。

■オヤジは密かに巧みに、露出した私の胸の谷間を舌先でネロネロと舐め回し……

まさかのエレベーター内チカンのとんでも恥辱カイカン

投稿者　村本彩香（仮名）／24歳／歯科衛生士

この間、休みの日にカレシの雅人とデパートに行ったんですね。

そのときあった、いま思い出しても恥ずかしさに顔から火が出そうな……そして同時に思わずアソコが濡れてきちゃう出来事、話しちゃいますね。

その日は三連休の初日ってこともあって、デパートもめちゃめちゃ込んでて、エレベーターに乗るのも一苦労でした。しかも時間はちょうどお昼どきで、皆最上階のほうにあるレストラン・フロアに行こうと一気に殺到。

一階で、アタシとカレはいちばん前のほうでエレベーターが降りてくるのを待ってたもんだから、いざ扉が開いて乗り込むときには、後ろに並んだ大勢の人に押される格好で、一気に奥の壁際まで押し込まれてしまい、もうほとんどラッシュアワーの満員電車状態で、身動きもとれやしませんでした。

さっき何気なくドア脇にあった積載情報の表示を読んでて『定員二十六名』って書

いてあったけど、これ絶対、殺到する客数さばくために、デパート側ってば無理やりもっと詰め込んでるよね？　と、雅人と話してたくらいの惨状（？）でした。

しかもおそらく、乗客のほぼ全員がレストラン・フロアを目指してるわけで、途中階で降りる者もなく……私とカレは「あとほんの二、三分の間のガマン、ガマン！」と励まし合いながら、ぎゅう詰め状態に耐えてたんです。

ところがそこで、とんでもない事態が起こりました。

ガクンと一瞬大きく揺れたかと思うと、エレベーターがいきなり止まっちゃったんです！「ええっ⁉」「なんだ、なんだ⁉」「キャーッ！」乗客の間のあちこちから悲鳴や怒号が湧き起こりました。私とカレも顔を見合わせて顔面蒼白です。

でもすぐに、電気系統の故障が原因で緊急停止。五、六分で修理完了、再稼働予定につき、『お客様には大変ご迷惑をおかけしますが、今しばらくそのままお待ちください』とのアナウンスがあり、とりあえず一安心しつつ、観念して待つしかありませんでした。

とはいうものの、エレベーター内は立錐の余地なく（おそらく）定員以上の乗客が詰め込まれているわけで、皆、自由にスマホを取り出して覗くわけにもいかず、ひたすらじっとしてなきゃいけない『五、六分』は、なかなかに長い苦痛の時間です。

皆が気を遣い合って、雅人と気軽に話すこともはばかられる張り詰めた空気の中、私も身じろぐこともできず、ひたすら復旧を待つしかなかったんです。

と、そのとき、私は異常事態を察知しました。

何やらもぞもぞと、膝丈の短いキュロットパンツから出た太腿を撫で回してくる感触を感じたんです。最初は、こんな劣悪な状況の中、何かの不幸な拍子で誰かの手が偶然当たってしまってるのかもと思ったけど……この、まるで意思を持った生き物が這い回るみたいな動きは……どう考えてもチカンです！

マ、マジか⁉　こんなところで……？

私は平静を装いつつも、慌ててすぐ近くにいる乗客たちを見回し犯人探しをしたんですが、突き止めたのは予想外の相手でした。

私、身長が一七一センチあって、なかなかのデカ女（でも、体重は六十キロない、いわゆるモデル体型です。ちなみに雅人は一八五あります）なんですが、私がチカンと断定した、その頭髪の薄い五十がらみのオヤジは、どう見ても身長が一五〇センチ足らずしかないかなりの小男で、体型的にはほとんど大人と子供といったかんじ。

まさか、こんなしょぼいオヤジが……？

この圧倒的な体格差的には、私自ら「何やってんだ、このチビオヤジ！」と詰めてもよかったし、雅人に訴えてもよかったんでしょうが……できませんでした。

それはもちろん、まずはこんな白昼のデパートのエレベーターなんかでチカンされてる女だってのが周りに知られちゃうことに対する恥ずかしさがありましたが、あともうひとつの理由は……私がその事態に、えも言われぬ興奮と快感を覚えちゃってたから……でした。

こともあろうにこの、道ですれ違うどの男もが思わず振り返らないわけにはいかない、モデル体型美人の超イケてる女である私が、こんな貧相なハゲのチビオヤジにいいようにもてあそばれてるっていう、これ以上ない恥辱プレイによる、今まで感じたことのないような新鮮で歪んだ被虐のカイカン……！

おまけにオヤジのチカン痴戯は小憎らしいくらい巧みで、自らの背の低さをうまく利用して、ちょうど自分の目の高さくらいにある私のバストに対してセクシャルな刺激を与えつつ、キュロットパンツの裾から忍び込ませた指先でパンティの上から愛撫してくるんです。

その日の私のファッションはちょっと露出強めで、上はノーブラ&ピッチリした白いニット一枚を着ただけな上に、けっこうボタンも外してて胸の谷間も覗いちゃってるかんじで、オヤジは密かに巧みに、露出した胸の谷間を舌先でネロネロと舐め回しながら、薄いパンティの生地越しにアソコの肉ひだをコネコネ、キュッキュッと指先で爪弾くように押し引きしてきて……。

「……んっ、ふっ、はぁ……」

「おい綾香、どうしたんだ？　気分悪くなっちゃったか？」

状況が状況なだけに、雅人も私が漏らした喜悦の喘ぎを、ごく自然に体調悪化による苦悶の声だと思ったようで、心配そうに囁き声で聞いてきました。

「……う、うん……でも大丈夫、あともうちょっとの辛抱だもんね。アタシ、がんばるから心配しないで」

「そうか……わかった」

雅人としてもどうすることもできないので、そう言うしかないでしょうね。おかげで私は残る二、三分の恥辱の快感タイムを、邪魔だてされることなく、たっぷりと愉しむことができたんです。

ほとんどが自分よりも背の高い周囲の乗客たちの視線の死角に巧みに潜みながら、オヤジは私のニットのボタンをさらに外してきて、プリッと乳首を露出させると、それを絶妙の舌戯で舐め転がしてきました。あまりにも気持ちよくて、乳首は痛いくらいに突き立ち尖ってしまいます。

私が甘く朦朧とした目で下を見ると、上目遣いで乳首をしゃぶるオヤジと視線が合ってしまい、向こうがニヤッと笑った瞬間、私は思わずゾクゾクゾクッ！　と全身を淫靡な戦慄が走り抜けるのを感じていました。

そして次の瞬間、確かに私は受け取っていたんです。

「さあ、これから最後の仕上げだよ」というオヤジの暗黙のメッセージがこめられた世にもいやらしいアイコンを。

オヤジの指がパンティの脇から内部に入り込み、もう情けないほど濡れているアソコの肉ひだに直接触れてきました。そして、小さすぎて私にしか聞こえない、チュクチュクという湿った淫音を立てながら、肉壺を掻き回してきて……！

「……ひっ……んんっ、ふぅ……あふっ、ふぅ……」

私はたまらずオーガズムに達し、下半身をガクガクと震わせていました。

「……お、おい、綾香！　大丈夫か？　しっかり……」

雅人が私の体を支え助けるのと、エレベーターが復旧して動き出したのはほぼ同時でした。とりあえずすぐ次の階でドアが開いた瞬間、たまらず外になだれ出た乗客たちの中に、私は密かに笑うオヤジの姿を見たのでした。

■一本のペニスが私の唇をこじ開けて口内にねじ込まれ、残る二本はそれぞれ手に……

許されざる不倫愛の代償は屈強な男三人からの凌辱輪姦■

投稿者　三輪芹那（仮名）／29歳／公務員

とうとうバレてしまったみたいです。

何がって……私と課長の丸二年に及ぼうかという不倫の事実が……。

少し遡って二年半ほど前、私は夫をがんで亡くし、未亡人となりました。子供こそいなかったものの、私は夫のことを心から愛していて、その悲しみと喪失感たるや言葉に尽くせないものがありました。

そのとき、忌引きが明けても心身ともに摩耗した状態で、なかなか登庁できなかった私のことを心配して、ガランと独り暮らしになってしまった2DKのマンションに課長が訪ねてきてくれたんです。

元々部下想いのやさしい上司でしたが、そのときはことさら課長の思いやりが心に染みて……彼の温もりを自分から求め、すがってしまったんです。

まだ半病人状態でパジャマを着たままの私が課長に抱きつき、カラダの膨らみを押し付けながら「抱いて……私を慰めてください……」と懇願したとき、もちろん課長は拒絶し、私の衝動をいさめようとしましたが、私は止まりませんでした。自らパジャマのボタンを外してノーブラの乳房をさらけ出すと、そのまま課長を床に押し倒し、上から覆いかぶさって……乳房をその顔にグイグイと押しつけていました。

「ああ、課長……舐めて……しゃぶって……可愛がってぇ……！」

そして課長のほうもとうとう……爆発するようにほとばしった私の激情の前に屈すると、モニュモニュと乳房を鷲掴んで揉みしだき、乳首をチュパチュパと吸ってくれて……一旦タガが外れたあとは、もうその勢いと欲望に流されるまま……私たちは着ているものを脱ぎ捨てて激しくお互いのカラダをむさぼり合い……完全にひとつになったのでした。

それから、私と課長の誰にも言えない不倫のつきあいが始まったわけですが、私には間違っても課長に奥さんと離婚することを求め、かわいい娘さんを捨てて自分と結婚してほしいなどと願う、図々しい気持ちはありませんでした。

ただ月に一度でいい、私を抱いて心とカラダを慰めてくれればそれでいい……純粋にそう思っていたのです。

しかしある日、そんな一見ささやかそうに見える私の気持ちすら、実はただのエゴだったんだと思い知らされる事件が……私に襲いかかりました。

その日は月に一回の課長との逢瀬の日。私は職場である市役所市民部市民課での勤めを終えたあと、課長とさりげなくアイコンをとりつつ役所を出て、駅ビルへと向かいました。そこのファッション・セレクトショップなどを物色して少し時間をつぶしたあと、課長との約束の店へと向かうつもりだったのです。

ところがその道すがら、あまり人通りのない街路で、私は突然隣りに横付けしてきた黒いワンボックスカーの中へと引きずり込まれてしまいました。中には目出し帽で顔を隠した、三人の見るからに屈強そうな男たちが乗っていて、そのあまりの威圧感の前に瞬時に抵抗心を削がれてしまった私は、おとなしく目隠しをされ、そのまま走りだした車でどこかへ連れ去られてしまったのでした。

それから三十分ほどが経った頃でしょうか。

私が車から降ろされ連れていかれ……ようやく目隠しを外されて目にしたのは、どこかの廃ビルの1フロアのようで、ガランとした部屋の隅のほうには打ち捨てられたような事務机がいくつか転がっていました。

そして部屋の真ん中には、いわゆるキングサイズほどもあろうかという、かなり大きな、でも古ぼけたマットレスが鎮座していて……正直私はそれを見たとき、嫌な予感しかしませんでした。

　そしてその嫌な予感の通り、私は退勤途上の私服姿のまま、ドサッとマットレスの上に投げ出されました。例の三人の屈強そうな男たちが、そんな私を取り囲むようにして見下ろしてきます。その表情自体は目出し帽で隠されてはいますが、醸し出す空気がいかにも不穏で下卑たものを感じさせます。

　するとおもむろに、私は彼らによって服を引き剝がされ、あっという間に全裸にされてしまいました。もちろん私は悲鳴をあげて抵抗しましたが、

「この誰も使ってないビルの中じゃあ、どんなに叫んで助けを求めたって、誰にも聞こえやしないぜ。おとなしくしてたほうが身のためだと思うがなあ」

　と言って歯牙にもかけず、それどころかさらに今度は、スマホで私の裸の姿を撮影しながらこう言いました。

「今日、今これから起こることを、一言でも誰かに言ったり訴えたりしたら、あんたのこの恥ずかしい画像をネットにばらまくからな。それがイヤだったらジッと口を閉じておけよ。わかったな?」

　私は沈黙のまま、この事態を受け入れざるを得ませんでした。

「それにしてもあんた、顔はちょっと地味だけど、カラダはむっちりしてそそる、い

い女だなあ……ま、そのおかげで今回、どこかの誰かさんの怒りを買ってこんな目に遭っちゃってるってワケだ。ほんと、因果だねえ……」

三人揃って服を脱いで裸になりながら、中の一人が少し同情したようにそんなふうなことを言って……おかげで私はことの次第を察しました。

私と課長の関係が、奥さんに知られたに違いありません。それで奥さんは私を懲らしめ、弱みを握って課長との関係を解消させるべく、おそらく闇バイトの連中を募ってこんな真似を……！

などと考えている間に、全裸になった目出し帽の男たち三人がマットレスの上に上がり、仁王立ちで私を取り囲んで見下ろしていました。私の肉体に反応したのか、すでに三人ともペニスがムクムクと立ち上がってきています。

「さあ、まずは小手調べといこうか。不倫大好きなスケベ女のあんたに、三本まとめてチ〇ポを味わわせてやるよ」

一人がそう言ったのを合図に彼らはぐっと私との距離を詰め、一本のペニスが私の唇をこじ開けて口内にねじ込まれ、残る二本をそれぞれ手に握らされました。

「さあ、しゃぶれ！　しごけ！　さあさあ！」

三人揃って恫喝され、私は仕方なく言われたとおりに対応を始めましたが、もちろん、三人の男をまとめて相手にするなんて生まれて初めてのこと。恐る恐る、ぎこちなくという感じで、こっちは一生懸命やってるつもりでも、向こうから口々に「ほら、こっちの手がお留守だよ！」とか、「もっと気合い入れてしゃぶらないと全然キモチよくねーよ！」「このヘタクソ！」などとヤジられる始末で、もうひたすら無我夢中……するとそのうち、ようやくコツが摑めてきたようで、彼らからも続々と好反応が返ってくるようになりました。

「おお、いいねえ……感じるぜ」「ああ、そうだ……もっと激しく、いやらしく！」「ううう、ヤベッ！　オレもう出ちゃうかも……？」

そんな反応を聞くうちに、私のほうもだんだん気分が昂り、カラダも燃えるように熱くなってきてしまいました。次々に、代わる代わる口内に突っ込まれる三者三様のペニスの淫らな味わいを楽しみつつ、乳房はピチピチに張り、乳首は固く尖り、アソコは濡れとろけてきて……官能の恍惚感の中、私は三本のペニスを舐めしゃぶり、しごき、こねくり回しながら、腰をクネクネと悶えくねらせて妖しいダンスを舞っていたのです。

「あーっ、オレもう限界！　オマ○コに突っ込みてぇーっ！」

とうとう、さっき「もう出ちゃうかも」と呻いていた一人が叫ぶように言うと、私の手からペニスを引き剝がし、マットレスの上に私を押し倒しながら覆いかぶさってきました。そしてそのまま有無を言わさずペニスをアソコに突き入れてきて！

「あ、ああっ……んあぁぁっ……！」

私はそのいきなり襲いかかってきた快感インパクトに嬉々として反応し、たまらず喘ぎ叫んでしまいました。恥ずかしながら気持ちよくてたまりません。

「あーあ……ったくしょーがねーなー……」

いきなり暴走、抜け駆け挿入した一人のことをあきれたようにそう言いながらも、あとの二人は速やかにまた、それぞれの持ち場につきました。さっきまでしごかれていたもう一人のほうが私の口にペニスを咥えさせ、さっきまでしゃぶられていた残る一人が今度は私の胸周りを逆に責める役割に回って……私は仰向けになって正常位の挿入でズンズン貫かれながら、顔の脇から突き出されたペニスを一心不乱にフェラチオし、また同時に乳房を揉まれ、乳首を舐め吸われて……襲い来る快感の混沌の中で際限なく昇り詰めていったのでした。

そして、とうとうオーガズムのときが……！

「あ、ああっ！　ひあぁ……あん……イク～～～～～～ッ！」

「う、うおおっ……オレも……出る～～～～～っ！」

胎内にほとばしる熱い奔流を感じながら、イキ果てていました。
もちろんそのあともまた、男たちは役割分担を次々と変えながら私を犯しまくってきて……私自身、数えきれないくらいの絶頂を味わいながら、三人が放出した大量の白濁液で体中をドロドロに汚されていました。
やっとすべてが終わったときには、拉致されたときから数えて実に四時間ほども経っていました。最後にダメ押しで、おそらく奥さんが書いたと思われる手紙……『今夜の無様な姿を世の中に知られたくなかったら、今すぐ不倫の関係をやめろ』……を渡されたあと、最低限の身だしなみを整えさせてもらい、ようやく解放された私でしたが、もちろん、課長との不倫には終止符を打つとして、もう一つの思いに無性に胸中をざわつかせていました。それは……、
男三人に犯され凌辱されまくって感じた、この被虐の快感の悦びを、私、果たして忘れることができるのだろうか？

■次々とオーダーに対応しながら、アタシのアソコはヒロトの舌でグチャグチャに……

お客の面前のカウンター越し、秘密の快感に濡れて！

投稿者　栗木あすか（仮名）／25歳／水商売

とにかくお酒が大好きってことで、カウンター五席だけの激セマ立ち飲みバーで雇われ店長やってます。

この間の月曜日、一週間でいちばんヒマな曜日ってこともあって、開店時間の夜七時を十分ほど回ってもお客さんが一人も来なくて（営業時間自体は深夜二時まで）、ようやく一人来た！　って思ったら元カレのヒロトだったもんでガックシ（笑）。

ヒロトとはまああうまくやってたんだけど、アタシのツレのミカって奴がヒロトにちょっかい出してきて、そのおかげでちょっと雰囲気が悪くなっちゃったもんで、なんとなくフェイドアウト。今じゃどっちにも別の相手がいるんだけど、正直内心、アタシはまだヒロトに未練があった。

だって、カラダの相性がサイコーだったんだもん。

それは向こうも同じみたいで、こうやってちょくちょく顔見せに来てくれるんだよね。まあ実際、別れてからこっち、エッチは一回もしてないけど……。

「なんだよ、あすか、ヒマそーじゃん。ちょっと遊び相手になってやろーか？」

そう言って店に入ってきたヒロトだったけど、その日はなんだか様子が違ってた。なんてゆーか、全身からスケベ心が滲み出してるかんじ……？

「遊ぶったって、アタシ今仕事中だよ？」

「んなこと言って、客いねーじゃんかよ。まあまあ、いいじゃん、いいじゃん」

アタシのほうもなんとなく、そんなヒロトのいつもとは違うエロ感に内心イヤなかんじがしなくて本気で拒絶できず……結局、ヒロトが裏口から回ってアタシが立ってる狭いカウンターのこっち側に入ってくるままにしちゃった。

ヒロトは勝手知ったるってかんじで、自分でさっさとグラスにウイスキーを注ぐと、コンクリ剝き出しの地べたにしゃがみ込んで、それをチビチビとやり始めた。そうしてると、カウンターの向こうの客側からはヒロトの姿は全然見えないのね。

さらに言うなら、路地に面したウチの店の中の様子は、狭い間口全面を覆ったガラスの引き戸を通して、カウンターの内側以外は外から全部丸見え状態。

「んもー、まじジャマなんだけど～」

アタシが本気で怒るわけでもないかんじでそう言うと、ヒロトったら、

「おお、あすか、今日はすっげーミニスカな上にナマ足かあ……いい眺め！　こりゃ酒の肴に持ってこいだな」

とか言って、スカートの奥をガン見してくる始末。

でもアタシ、「ばかっ」って言いながら、なんだか下半身が火照ってきちゃった。

とか言ってるうちに、やっと今日最初のお客さんがやってきた。常連のヒグチさんだった。「はーい、いらっしゃいませー！　いつものですねー」「ああ、頼むよ」

いつもどおり接客してると、続いて今度はたぶんイチゲンさんらしき二人組が入ってきて、なにせ定員五人なもんで、あっという間にそれなりに込み合ってきちゃった。

アタシはお酒作ったり、つまみ用意したり、接客トークしたり……がぜん忙しくなってきたもんで、ついついヒロトの存在を忘れちゃったんだけど、次の瞬間、いきなり股間に甘い衝撃が！

薄いパンティの布地の上から、ヤツが指でアソコをグリってやってきたのね。

「……あっ……！」

アタシ、油断してたのもあって、思わず小さく叫んじゃった。

「どうしたの？　大丈夫？」

そう訊いてくるヒグチさんだったけど、もちろん説明できるわけもない。

「ううん、なんでもないの、大丈夫、大丈夫！」

アタシはそう言ってなんとかごまかしながら、ちらりと床にしゃがみ込んでるヒロトを見下ろして睨むんだけど、ヤツときたらニヤッて本当にいやらしい笑みを浮かべて、さらになんと、スルスルとパンティを下ろし始めやがって！

「あすかちゃん、おかわり！」「あ、はい！」

「すみません、ハイネケンもう一杯」「はーい、ただいまぁ」

だけどアタシも接客に必死で、どうすることもできなくて……とうとうヒロトがパンティを太腿の付け根の下まで引き下ろして、アソコの茂みを剝き出しにされちゃう様をただ眺めてるしかなかった。

そしてその茂みを掻き分けて、ヒロトの指がアソコに入ってくる感触が……一本、二本、三本……肉びらをミチミチとこじ開け、グリグリとひだを掻き回してくる。

「……んあっ……うっ……」

「あの、本当に大丈夫ですか？」

イチゲンさんのほうが心配そうにそう訊いてきて、でもアタシは無理にニッコリと笑って答えるしかない。「うん、ほんとに大丈夫！　気にしないで！」

そんなアタシの苦心をあざ笑うかのように、アタシの中のヒロトの指の動きはさらにエッチにエスカレートしてきて……恥ずかしながらそれに反応したアソコがたっぷりの蜜をしたたらせていくのを、アタシはどうすることもできない。そしてヒロトの指が抜き差しされるたびに、グチョ、ヌチョ、クチャ……と、あられもなくイヤラシイ粘着音が周囲に響き渡って……というのはアタシの勝手な思い込みで、実際は店内にはけっこう大きな音量で始終ＢＧＭが流れてるから、滅多に聞こえることはないんだけど、アタシは全身をせり上がってくるどうしようもない恥ずかしさと、とどめようもないカイカンに、カラダ中が熱く火照りまくり、汗がたらたらと流れて……。

「ごちそうさん。じゃあまた来るよ」

そう言って、九時頃になってヒグチさんが帰っていき、お客はイチゲンさんの二人組だけになったけど、すぐにまた今度はまあまあ馴染みの三人組が入ってきて、いよいよ店内は定員いっぱいになっちゃって……それに合わせるかのように調子に乗ったヒロトは、なんとアタシのアソコに顔を寄せ、クリちゃんを舌先でクリクリ、チュウチュウと転がし吸ってきた。

「あすかちゃん、俺スミノフねー」「俺は…………」

次々とくるオーダーに対応しながら、アタシのアソコはヒロトの舌でグチャグチャに搔き回され、ジュルジュルと啜り上げられて……そのうちアタシは、どんなに気持ちよくても声を出さない要領を覚えて、ただひたすら黙って感じまくって……。

そんなふうにしながら、ヒロトも時々行為を止めてアタシを休ませてくれて、そしてまた感じて……と、無限ループのようにヒミツの痴戯が繰り返されるうちに、なんとか深夜二時の営業時間終了を迎えることができた。

でも、アタシときたらホッと一安心すると同時に、ほぼ六時間に渡って前戯だけの生殺し状態を味わった気分で、昂りきった性欲はもう限界を迎えてたのね。もう一秒でも早くヒロトのあのデカチンを突っ込んでほしくて、店じまいするなりヤツの手を摑むと、マッハでアタシが住む一人暮らしのアパートへ！

それから朝の七時まで、突いて突いて突きまくってもらって、五回もイかせてもらっちゃった！

マジこんなに気持ちよかったのは久しぶりで、エッチテンション爆上げの方法としては、お客の面前での隠れ前戯ってけっこういいかもね！

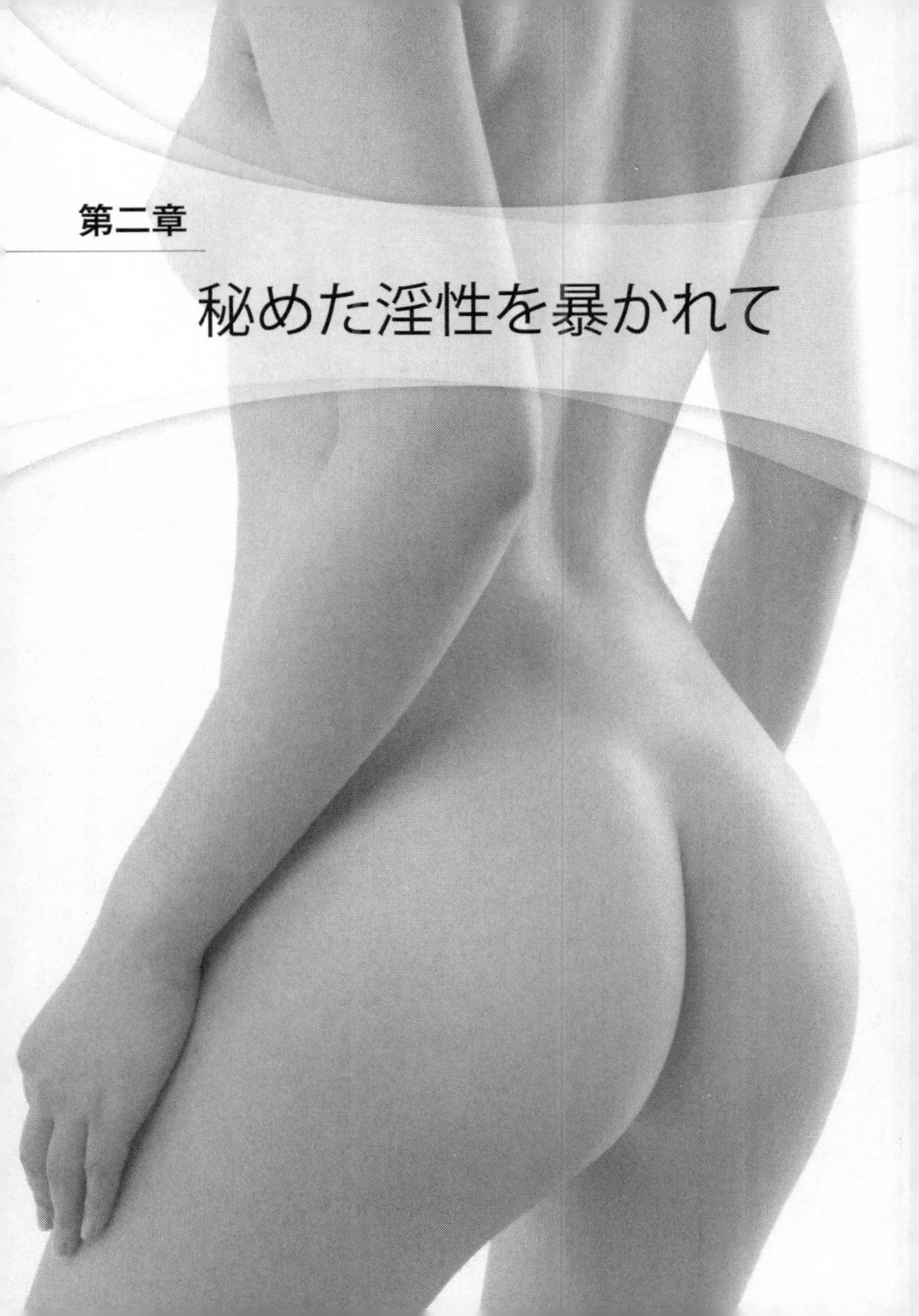

第二章

秘めた淫性を暴かれて

■彼はときにハードにときにソフトに、絶妙にテクニカルな運指で乳首をこね回して……

性のトラウマから解放された深夜のオフィスSEX

投稿者 坂口由奈（仮名）／24歳／OL

あたしの場合、初体験の印象がとにかく悪すぎた。

高二のとき、街でナンパしてきた三つ年上の、まあまあイケてる大学生が初エッチの相手で、その人はいかにもエッチ馴れしてそうだったから、これならスムーズにキモチよくヴァージンを捨てられるかな、と思ったんだけど……これがとんだ見掛け倒し！　前戯は下手だわ、盛り上げ方はぎこちないわ、おまけに彼ったらヘンにアレが大きいものだから、十分にほぐし濡らされてなかったあたしのアソコはソレを無理やり突っ込まれたおかげで大ダメージ！　チョー激痛＆びっくりするくらいの大流血で、もうキモチいいも何もないったら……！

そう、あたしにとってそれは完全なトラウマとなって、以来、エッチに対してとにかく消極的な女になっちゃったんだ。

これまで、ナンパされた経験は数知れず、ちゃんと告白してきた相手も十人は下らないけど、中にはちょっとだけ付き合った人くらいはいるものの、結局最後のステージ（＝エッチ）にまで到達した男性はゼロ。そんな遍歴を重ねてるうちに、いつしか皆すっかり、あたしのことを純情で奥手で、身持ちの固い女だっていうイメージで見るようになっちゃったのね。もうそうなると、あたしの恋愛チャンスは激減！　周りの男性は誰もあたしに近づかなくなり、あたしとしても、まあそれならそれで逆に気楽でいっか……と、いつしか完全な投げやりモードに陥って……はい、これにてオンナの人生、終了！　ってかんじ？（笑）

ところが今年の春、そんなくすぶり、やさぐれたあたしの心を、久々にスリリングに掻き乱す存在が現れたの。

彼の名は椎名亮平くん（仮名）、二十三歳。新卒入社のフレッシュマン。三ヶ月の研修期間後、正式にあたしと同じ課に配属された彼は、何彼となく先輩社員であるあたしに教えを乞うようになっていき、気がつくとそのやたら近い距離感はいつの間にか先輩後輩間のそれを超え、もっと特別な熱を持ったものに変わっていたみたいだった。

そしてある日、夜の十時を過ぎ、オフィスにいるのは残業で居残った、あたしと亮平くんの二人だけというシチュエーションで、おもむろに彼が言ったの。

「先輩……いや、由奈さん！　ぼ、僕とつきあってください……本気で由奈さんのこと、好きなんです！」

正直、あたしのほうも気持ちはけっこう彼のこと気に入ってたけど、そこからカラダのこと……彼とのエッチのことを想像すると、もうダメだった。途端に例のトラウマに襲われ、テンションがダダ下がりしちゃって……。

「あの、ごめんね、椎名くん。気持ちは嬉しいけど……あたし、ムリなんだ」

「由奈さん、僕のこと、嫌いなんですか？」

「いや、そうじゃないんだけど……」

あたしのことをある程度知る周りの皆とは違い、彼はひたすらまっすぐで空気を読むということを知らなくて……要領を得ないあたしに対して、尚も真正面からぶつかってきた。

「ああ、好きだ、大好きだ、由奈さん！　あなたが欲しいっ！」

彼はうめくようにそう言うなり、コピー機を前に立っていた、あたしの後ろから荒々しくバックハグしてきて！

「ああっ、ダメ！　ダメよ、椎名くん……イヤッ！」

「はぁはぁはぁ……由奈さん、僕もうたまらないんだっ！」

彼はあたしの制止など意に介さず、あたしのうなじに熱い吐息を吹きかけながらブラウスの上から両の乳房を鷲摑み、激しく揉みしだいてきて……！

「……んあっ！　はぁっ……やめて、椎名くん……ほんとにダメッ！　はあっ！」

このまま彼の好きなようにされればされるほど、あの日のトラウマに満ちたセックスの苦痛と嫌悪が迫ってくる！　あたしは彼の両手を摑み、必死で鷲摑まれた胸から引き剝がそうとするんだけど、その力はますます強まるばかりで、とうとうブラウスのボタンを外して前をはだけると、ブラジャーも取り去られて直に左右のナマ乳を手のひらに握り込まれてしまって……！

「んひっ、はっ、あぁ……だ、だめ……椎名くん……んあぁ……」

すると、単に乱暴だったあのときの大学生とは違って、椎名くんの愛撫は実は適切かつ的確で……ときにハードにときにソフトに乳房を揉みまさぐり、絶妙にテクニカルな運指で乳首をこね回し、もてあそんでくるものだから、あたしはその意表を突かれた愛撫の快感にたまらず甘い喘ぎ声をあげちゃってた。

「あん、あふぅ……はぁ、あ、あう……椎名くん……」

「由奈さん、キモチいい？　もっともっと感じさせてあげるよ！」

彼のピュアな愛撫に身をまかせるうちに、あたしは長年の間に妙に増長し膨らんでしまったセックスのトラウマが薄れ消えていくようで……代わりにこれまで損した分をまるで取り戻そうとでもするかのように、性の快楽への欲求が大きくなっていくみたいだった。

彼はあたしを空きデスクの広いスペースの上に仰向けに寝かせると、今度は正面から胸に入念で熱のこもった愛撫を繰り出してきた。

丸い乳房を、絶妙に強弱をつけた揉みしだきで可愛がりながら、乳首を唇に含んで吸い、噛み、舐め転がし、さらにまた吸い、噛み、舐め転がし……それを何度も何度も繰り返されるうちに、あたしは膨張する快感の渦に巻き込まれるみたいに翻弄され、流され漂って……き、キモチよすぎるっ！

「あうん……はぁ、あぁ……あひっ！　んあっ、くあぁ……」

「ああ、由奈さん、すごいよ……乳首、ブチ切れんばかりにツンツンに勃起しちゃって……こんなになるまで感じるなんて……逆に痛くないの？」

今度はちょっとSっけを交えながらイジワルに言ってくる彼に、あたしは若干キレ気味に答えて。

「あんもう、信じられないくらいキモチいーよー！　ばかっ！」

するとと彼はニヤッと笑いながら言う。

「はいはい、それはよかったですね。じゃあもうワンステップ、キモチいい階段昇りましょうか？　ね？」

あたしはもう今までみたいな嫌悪感も恐怖感もこれっぽっちもなくって、彼の言葉にエッチな期待感をひたすら高められるのみ。カラダが火照ってたまらない！

彼はあたしのスカートを脱がせ、パンストも剝ぎ取ってしまうと、剝き出しになった下半身の中心……両腿の付け根の淡い茂みに鼻づらを突っ込み、もうすでに十分すぎるほどに濡れ滴っているアソコの肉割れを舌でめくり上げながら、ジュルジュル、ペチャペチャと舐めしゃぶってきた。

「んあぁっ！　ああっ！　はぁぁ……いいっ、キモチいいよぉっ！　あひぃ、あああん……とろけちゃうよ～～～っ！」

「うふふ……まだまだ、こんなもんじゃないよ？　由奈さんがもう勘弁してくれって言うまで、舐めて舐めて、吸って吸って、しゃぶりまくるんだから！」

彼はそんなふうに言い、でもそれは冗談でも何でもなくって、あたしはそれからさらに際限なく続けられた彼のディープ愛撫に、もうグロッキー寸前！　とうとう音を上げてこう懇願してた。

「お願い、もう勘弁して！　椎名くんのアレ……あたしのココに突っ込んでぇ！」

「アレ？　アレって何のこと？」

「椎名くんのチ・○・ポ！　チ○ポ、早くちょうだいっ！」

「あたしがとうとう、長年言えなかったその言葉を口に出すと、彼はとっても嬉しそうな顔で笑ってスーツを脱ぎ、見事なまでに大きく勃起したチ○ポを露わにし、そして挿入してきてくれた。

ああもう、その魅惑の快楽ときたら……あたしは実に七年越しの性のトラウマから解放され、これまで閉ざされていたオンナの人生が再び開かれた思いだった。

「椎名くん、ありがとう。あたしの恩人だよ」

二人愛し合い、すっかり満足したあと、あたしが言った言葉に、彼は微笑みながら「ん？」と首をかしげてたけど、本当にそれはあたしの偽らざる想い。

今は彼とのとっても充実した恋愛ライフを送ってまーす！

■彼は亀頭を真っ赤に染めてパンパンに張り詰めさせながら、先端からダラダラと……

相互オナニー見せ合いっこテストで相性チェック！

投稿者　黒木しずか（仮名）／20歳／大学生

付き合い始めてそろそろ半年ぐらいになる、同じクラスの翔太から、

「あのさ、もうそろそろオレたち、その……ちゃんとシテもいいんじゃないかと思うんだけど……しずかは、どう……？」

と、合体エッチをほのめかされたとき、わたしは、いよいよきたか、と思うと同時に、やっぱりまだ踏み切れない自分がいました。いやもちろん、翔太のことは好きだし、これからも本気で付き合いたいとは思うんだけど、どうしても確かめておきたいことがあって……。

それは、わたしたち二人のエッチの相性についてなんだけど、実はわたしには、自分なりのその確かめ方があるんです。

それは、相互オナニー見せ合いっこテスト。

わたし、翔太の前に三人ばかり、ちゃんと付き合った相手がいて、彼らは皆そのテ

ストを経てわたしのおメガネに適い、それなりに充実したキモチいい交際ができたってわけで、これはわたしとしては絶対に外せない関門なわけです。

まだキスと、ほんのボディタッチしか許していない翔太にそのことを話すと、最初はちょっと引いてたけど、でもそこにわたしの絶対に揺るがない意思を感じとったらしく……結局、

「わ、わかったよ！　やるよ、そのテスト！」

と、真剣なまなざしで了承してくれたんです。

「じゃあ、明日の金曜日、学校が終わったあと、翔太のとこで」

「ああ、明日な」

そうやって話は決まり、翌日の夕方、大学の外で待ち合わせた翔太とわたしは、馴染みのカフェで軽い夕食をとったあと、彼が住むワンルームマンションへと向かったのでした。

部屋に着くと、わたしたちは一人ずつ順番にシャワーを浴び、間接照明だけの暗めでムーディーな雰囲気の中、お気に入りのＢＧＭを流しながら、ベッドの上、お互いに全裸で向き合い座りました。

「それじゃあ、始めるよ」

「う、うん……」

自然とわたしがリードする形で始まり、翔太に指示します。

「いい？　わたしがいいって言うまでソレに触っちゃだめよ」

「……ああ、わかった」

翔太の返事を確認したところで、わたしは自分で胸をいじりだします。大きくて形のいい、まあまあ自信のあるオッパイを両手で覆い掴むと、翔太の目をまっすぐに見据えながらゆっくりと揉み回します。

「……んっ、んん……ふぅ……」

自らの指によって生み出される心地よい感覚に促されるまま、自然と甘ったるい声がこぼれてしまいます。

「あ、あふぅ……うんっ……あはぁ……」

徐々に高まってくるカイカンにうっとりしながら翔太のほうを見やると、彼は目をバチバチに見開いてわたしのことを食い入るように見つめ、そして……その股間のモノは見る見る大きくなったかと思うと、あっという間にフル勃起して、全長十五センチ超えのたくましい姿に変貌を遂げていました。でも、その仮性ちゃんの皮を彼が自分で剝こうと手を伸ばしたので、わたしは、

「ダメよ、触っちゃ！」

とキツくたしなめ、彼は慌てて手を止めました。

出だしはオッケー。手を触れずして、わたしのカラダでここまで反応してくれるのは、とってもいい兆候です。でも、まだまだ、肝心なのはここから！

わたしはさらに自慰行為をエスカレートさせ、片手では変わらずオッパイを揉み回し、乳首をクニュクニュとこね回しながら、もう片方の手は股間のほうに下ろしていき、クリちゃんをいじくり始めました。もうすでにエッチに昂った肉豆がプックリと膨らみ、ジットリと湿っているのが自分でもわかりました。

「あ、あああん……んくふぅ……ううっ……」

一段と甘く甲高い声が喉から飛び出してしまいます。

翔太のほうの興奮度もがぜん爆上がりしているようでした。

「う、うう……しずかぁ……あ、ああ……オレもうたまんないよ……！」

かすれ気味に声を上ずらせながら、それでも必死にわたしの言いつけを守り、今にも破裂せんばかりに膨張したアレには触れまいとしている彼でしたが、そのアレは、亀頭を真っ赤に染めてパンパンに張り詰めさせながら、先端からダラダラと透明な粘液を垂れ流し始めて……ガマン汁、きたーっ！

そこでわたしは、ようやくお許しの言葉を発しました。

「さあいいよ、翔太……オチン○ンに触っても……わたしのこと見ながら、思う存分シコってもいいよ！」

「……あ、ああっ……し、しずかぁっ……！」

その瞬間、彼はソレをガッシリと右手で握り込むと、わたしの痴態をガン見しながら、ものすごい勢いで上下にしごき始めました。

ジュゴシュ、ジュプシュ、ニュブシュ、ヌジュジュ……！

ガマン汁で粘ついた淫音交じりに激しくしごかれるソレは、信じられないことにさらにますます大きく膨張してるみたいで……わたしもたまらず、煽られるようにアソコの肉びらを搔きむしり、濡れた肉壺をえぐり回して……ヌチャヌチャ、グチャグチャ、ズプズプとはしたなく啼き、まるで彼の発する淫音に呼応するみたいに乱れ昂っていきました。

そうやって相互オナニーの興奮と陶酔に酔いしれながら、わたしは翔太とのエッチの相性のよさを確信していました。

まちがいない！　彼となら最高にキモチいいＳＥＸができる！

「あ、ああん……翔太ぁっ……！」

「はぁはぁはぁ……ああ、しずかぁ～～～～っ！」

そしてお互いの昂りが頂点に達したその瞬間、わたしは善は急げとばかりに翔太にしがみつき、彼との合体を求めていました。

「ああ、しずか……いいのか？　オレ、合格したの？」

わたしは答える代わりに、脇に投げ出してあったバッグの中から、いつも常備しているコンドームを取り出すと、仰向けになった翔太のモノに装着して騎乗位でアソコに呑み込んでいきました。何ともいえない快感と幸福感が胎内に満ちていきました。

「あ、ああっ……しずかぁぁ～～～～っ！」

「んあっ、翔太ぁぁぁ～～～～っ……」

期待にたがわぬ極上の一体感を味わいながら、わたしはこれから始まるだろう彼との充実のエッチライフに想いを巡らしていたんです。

■私たちはお互いの唾液でビチャビチャに濡れた双方の乳房を押し付け合って……

地獄の結婚生活から救ってくれた女同士の性愛と友情

投稿者　有村由奈（仮名）／29歳／専業主婦

四歳の娘が一人いる専業主婦です。

夫はお堅い公務員で、おかげさまでまずまずいいマンションに住み、生活は安定しています。でも、毎日がイヤでイヤで、つらく苦しくてたまりませんでした……。

学生時代は柔道部に所属し、三十二歳になる今も週末のジムでのトレーニングを欠かさない夫は筋骨隆々でたくましく、正直そんなマッチョなところも魅力で付き合い始めた私でしたが、結婚してからようやく夫の本性に気づいて……「俺についてこい」という男らしく頼もしい言葉は、実は独占欲と強い束縛性の裏返しで、私が自分以外の男と少しでも接することがガマンならず、絶対にパートなど、外で働くことを許してはくれませんでした。

また、日々の買い物も私が自分一人だけで行くことは認められず、娘が幼稚園へ行っている間はひたすら家でじっとその帰りを待ち、娘が帰ってきてようやく二人いっしょでならスーパーなどへ行くことが認められるという有様で……なにしろ夫ときたら、たまに娘が通園している時間帯を見計らって、私のケータイではなく家の電話に在宅確認の連絡をしてくるものだから、本当に私としては二十四時間見張られているような心境だったんです。

そしてもう一つ、そのひたすら自分本位なセックス。

私の気持ちを昂らせようという情熱的な言葉も、肉体を感じさせようという前戯なども一切なく、己の気の済むまでペニスやタマをしゃぶらせ、射精するまで突きまくる……それはもはやセックスではなく、性欲処理だけが目的の虐待です。

私は、自分一人満足して大いびきをかきながら満足そうに眠る夫の横で、快感の余韻などではなく、みじめな残痛を股間に覚えながら、悔し涙にむせぶ夜も決して少なくはありませんでした。

でも、信じられるでしょうか？　あるとき、そんな澱んだ灰色の日々が、明るいバラ色……いえ、鮮烈なショッキング・ピンクに一変したのです。

それは、お隣りに引っ越してきた、新堀やよいさん（仮名）のおかげでした。

彼女は私より二つ年上の三十一歳。うちの娘と同い年の息子さんがいる主婦で、ご主人は某大手企業のサラリーマン、やよいさん自身も在宅で、いろいろな企業のニーズに応えて市場アンケート調査集計の仕事をしているという話でした。

最初は玄関先で顔を合わせたときに、他愛ない会話を楽しむ程度の私たちでしたが、だんだん気心が知れてくると、子供たちが同じ幼稚園に通っている間に、しょっちゅう私の家のほうに遊びに来てくれるようになりました。そしてそのうち話す内容もどんどん親身に、ディープに切実になっていって……そんなある日のことでした。

いつものように私が入れた紅茶を二人で飲みながら話していると、お互いの夫に関する話題となり……ちょっとその日、精神状態が不安定だった私は、夫とのつらい日々を思い出すに及んでいきなり感情的になってしまい、一瞬、奇声を発して錯乱状態に。

「いやっ……いやぁぁ～～～～～～～っ！」

「由奈さん、落ち着いてっ！　大丈夫だからっ！」

やよいさんがさっと私に寄り添って、肩を抱きながらやさしくあやしてくれました。

「大丈夫、ここにご主人はいないし、誰も由奈さんを傷つけたりなんかしないよ」

「えっ、ええん、えぐっ……や、やよいさぁん……」

それでもまだ気持ちが上ずり、涙が止まらない私……そのときでした。

いきなりやよいさんが、私の唇を、自分の唇でふさいできたんです。

あまりにも思いがけないことに固まってしまった私でしたが、やよいさんは止まりません。たっぷりと私の唇をついばみ、吸い舐めたあと、中に差し入れた舌を私のそれにニュルリとからみつかせてきたんです。夫をはじめ、男性相手のキスはこれまでそれなりに経験がありますが、やよいさんとのソレはまったく異質なもので……男のモゾッとした分厚い舌とは違って、女性の舌はしなやかで柔らかく、とっても繊細で、しかもよりなまめかしく私の舌にからみつき、ジュルジュルと官能的に啜り上げてくるものだから、私は思わず淫らに感極まってしまいました。

「んあっ、あ、はぁっ……ぷはっ！　はぁ、はぁ、はぁ……や、やよいさん、な、なんでこんなことを……っ？」

息も絶え絶えに私がそう言葉を発すると、やよいさんはこれまで見たこともないような淫らでやさしい笑みを浮かべながら言いました。

「オトコ相手に深く刻まれた傷は、オンナで癒すしかないのよ。私はずっとそうしてきたわ。さあしばし、武骨で下品で汚らしいダンナのことなんか忘れて、柔らかくてイイ匂いで綺麗なお隣りの奥さんに身も心もまかせてちょうだい……」

「で、でも、私、女の人となんか経験なくて……」

「大丈夫、そんなのすぐ慣れちゃうから。私だってそうだったわ……」

やよいさんは、ためらう私に対してそう言いながら、まずは自分が服を脱ぎ、続いて私を脱がせていきました。そしてあっという間にお互いに全裸に。

「うふふ、由奈さん、色白できれいなカラダしてるわ……まるで瑞々しい果実みたい。じっくり味わわせてね」

ゆっくり、大きく私の乳房を揉みしだき、こね回しながら、やよいさんの舌が私の乳首にからみついてきました。さっきのキス以上に男のソレとは異質な、妖しく繊細な感触が私の性感を信じられないくらい煽り立ててきます。

「……んあっ、はっ……ああっ！　や、やよいさんっ……いいっ……おかしくなっちゃうくらい気持ちいいですぅ……はぁっ！」

「うふふ、そう……そんなに感じてくれて嬉しいわ。ほら、あなたも私のを舐めてみる？　女のオッパイを味わってみるのも乙なものよ」

「……はい、舐めたいです……」

私はほぼ抵抗なくそう答え、今度はやよいさんの乳房を揉みながら、その豊満な肉房を舐め、吸い味わいました。

「ああっ、あん……由奈さん、とっても上手よ……私も感じちゃう……んんっ！」

そしてお互いの唾液でビチャビチャに濡れた双方の乳房を押し付け合い、からませ合いながら、抱き合い、もつれまさぐり合いました。

グチョグチョ、ヌチャヌチャ、ニチュニチュ、ジュヌヌッ……二人の裸身が濃厚な唾液の糸を引きしたたらせ合いながら、淫らにとろけ合っていきます。

と、そのとき、思いがけないことが起こりました。

なんと私の家の電話が鳴ったのです。

もちろん、私が大人しく家にいるかどうかを確認しようという、夫からのものです。

やよいさんは私に受話器を取るよう目で合図し、私は言うとおりにしました。

「もしもし」

『ああ、俺だ。よし、ちゃんといるな。変わりないか?』

「ええ……あ、実は今、お隣りの奥さんがうちに遊びに見えてるの」

『えっ、そうなのか……?』

一瞬、ちょっとびっくりしたような夫でしたが、すかさず、

「あ、ご主人ですか? 今日はお留守にお邪魔しちゃってすみません。はい、隣りの新堀です。ええ、ええ……奥さんにはいつもお世話になって……はい、これからもよろしくお願いします……どうも失礼します」

と、やよいさんが私に代わって電話に出たので、とりあえず無難に挨拶したようで

した。その後再び戻ってきた受話器で、私は夫と言葉を交わしながら、こっそり私を責めてくるやよいさんの愛撫の快感に身をわななかせていました。

「ええ、いつもとてもよくしてくださるのよ……ええ、そうね……うん、わかったわ、じゃあね……」

そして夫との会話を終え、受話器を置くと同時に、私は「はあぁっ……ああん！」と悶え喘ぎながら、私の濡れたアソコの中を掻き回すやよいさんの舌戯に応えて見事にイキ果てていました。

「はぁ、はぁ、はぁ……とってもよかったです。私、結婚以来、こんなに感じちゃったのなんて初めてかも……？」

私が頬を上気させ、いたずらっぽい笑みを浮かべながらそう言うと、やよいさんはこう言って応えてくれたんです。

「これからはいつでも、私があなたの味方よ。ずっと仲良くしていきましょうね」

それ以来、彼女は私の親友であり、セフレになりました。

この先も彼女がいてくれる限り、私は夫とのつらい灰色の生活に堪えていくことができそうです。

■彼は私の背中に覆いかぶさるようにして、グッチョ、ヌップ、ジュップと……

物件希望のお客様の肉棒で淫らに悶えた秘密の内見SEX

投稿者 梅川葉月（仮名）／33歳／不動産業

不動産会社で副社長を務めています。

といってもうちは小さなところで、社長は私の夫。そしてその他に従業員が二名ということで、副社長といえども担当の手が回らないときは、現場に出て働くなんて日常茶飯事なんです。

ある日、賃貸物件を見たいという四十歳ぐらいの男性のお客様がいらっしゃいました。条件としては駅徒歩五分以内、築浅マンションの最上階角部屋で2LDK以上希望ということで、気に入った物件なら金に糸目はつけないという、なかなかの太客でした。そのとき、ちょうどぴったりの空き物件があったのですが家賃が相当高く、最近はコロナ禍の影響もあり長く借り手がつかなかったのもあり、是が非でもこのお客様は捕まえて成約に持っていきたいところでした。

「清水くん、これから私が内見にご案内するわ」

「えっ、副社長自らですか？　二時間ほど猶予もらえれば、僕が行きますよ」

他の業務中の若手の彼がそう言ってくれましたが、そんな悠長なこと言っててもしこのお客様を逃しちゃったら……と思うと、居ても立ってもおられず、

「ううん、いいの、任せて！」

私はそう言うと物件の鍵を用意したりと手早く準備を整え、「じゃあお客様、参りましょう」と事務所を出て、そこから徒歩三～四分ほどのところにある件のマンションへと向かいました。

十階建てのそのマンションの、最上階角部屋の物件へと案内すると、お客様はひと通り見て回ったあと、言いました。

「ああ、なかなかいいですねえ。バス・トイレ、キッチンの設備も最新式みたいだし、壁や床もしっかりしてて防音もよさそうだ。ただ……」

「……ただ……？」

お客様の少し引っかかるような言い方が気になり、私が問い返すと、

「ただ、窓からの眺望が今イチかなあ……もうちょっと緑が見えるといいんだけど。ビルとか建物ばっかりだものなあ」

「それは……これだけ駅近だと、仕方ないかと……」

そんなワガママなムチャ振りに言葉を返すと、途端に彼は不機嫌になったようで、

「わかったよ！　じゃあ他を探すよ。時間とらせて悪かったね」

と、若干吐き捨てるような物言いで言うと、さっさと玄関に向かおうとしました。

私は内心「しまった！」と思いながら、慌ててそのあとを追いながら言いました。

「あの、改めて物件を探し直しますので、少しご猶予を……」

と、その瞬間、彼は私のほうを振り向き、いきなり正面から抱きすくめてきました。

「あ！　ちょ、ちょっと……何なさるんですかっ⁉　いやっ……！」

私は必死で手足をバタつかせて抗おうとしたのですが、彼は思いのほか強い力でビクともせず、ますます力を込めながら言いました。

「あのなあ、オレが物件探してる理由、教えてやろうか？　妻子と住む家以外に、好きなときにオンナとエッチできる『ヤリ部屋』が欲しいんだよ！　なのに、こんなお向かいが建物ばっかだと、おちおち窓を開け放ってオープン・セックスもできないだろ？　誰かと目が合ったらどうするんだよ⁉」

彼のとんでもない言いぐさに、「そんなの知らねーよ！」と内心思いながらも、私は必死で気持ちを落ち着け、どうにか言いました。

「それは……存じ上げませんで、失礼しました。では、改めてそれを念頭に置いての

物件探しを……」

「……ああ、でも建物自体は気に入ったから、ことと次第によっては、借りてやらなくもないかな」

いきなりの逆上から、何やらいかがわしい歩み寄りへ……私は彼の豹変に驚き、混乱しましたが、それは続いて起こった物理的事象によって明確になりました。

正面から私の体に押しつけられた彼の股間が、ムクムクと固く大きく膨張し、熱くものすごい圧力で迫ってきたのです。

「あ、ああ……お客様、や、やめて……やめてください……あっ……」

「実は店で最初にあんたを見たときから、もうずっと半立ち状態だったんだ。ああ、いいオンナだなあ、ハダカに剝きてぇなあ、ハメてぇなあ……って」

双方の衣服の布地を挟んで伝わってくるその感覚は、明らかにでかく、固く、エネルギッシュで……実は今年もう六十歳近い夫の、ED状態のモノとは比べものにならない強烈な存在感に満ちていました。はっきり言って、その意思とは関係なく、ここもう何年もろくに満足させてもらえていない私の肉体は、信じられないくらい反応してしまっていました。

大量の熱い分泌液がヌルヌルと股間の暗い秘部を濡らし、それに応じて乳首が痛い

ッグを組んでいました。

いつしか、そんな私のオンナとしての満たされない欲求と、商売人根性が強力なタッグを組んでいました。

「なあ、ヤらせろよ……それでよかったら、この部屋、契約してやってもいいぜ？」

「お、お客様……それ、本当ですか？　本当だったら私……」

私はそう言いながら、すでに私の態度の軟化を感じ取って緩まっていた彼の手をスルリと放すと、自らジャケットのボタンを外し、白いブラウスの前をはだけてブラジャーを取って裸の胸を露わにしました。そしてそのまま彼の前にひざまずくと、ズボンのジッパーを下げて中からガチガチ、ギンギンの生チ○ポを引っ張り出して……ユサユサと胸を揺らしながらむさぼり、濃厚にフェラしていました。

久々に味わう、オスの迫力満点にみなぎったソレは、本当にもうたまらなく美味で……私の舐めしゃぶりは激しさを増していく一方。

「んはっ、んじゅぶ、あぶっ……じゅる、じゅぱっ、じゅぶぶぶっ……！」

「あ、ああ……す、すげぇ……気持ちよすぎて、もうチ○ポどうにかなっちまいそうだぜ……あ、あうぅ……くあっ、もう限界っ！」

チュポンッ！　と彼は私の口からチ○ポを抜き離すと、私を床から立たせて真っ白にクリーニングされた壁に両手をつかせ、背後に回りました。そして私のスカートを脱がせ、パンストも剝ぎ取って……私は下半身まる裸です。

そしてすぐに、待ちに待ったたくましい異物がバックからアソコを貫いてくる感触が私を襲いました。彼は私の背中に覆いかぶさるようにして、グッチョ、ヌップ、ジュップ、ズッチャと荒々しく突きまくりながら、私の両のオッパイをガッツリと鷲掴んで揉みくちゃにしてきて……！

「あ、あああん……き、きてるぅ……奥まで当たってるぅ……！」

「ああ、いいマ〇コだ……最高だぜ！　く、ううっ……はぁっ……」

「んあっ……あ、ああ……イク……イク～～～～ッ！」

そして私が達するとほぼ同時に彼はチ〇ポを抜き、私の腰のあたりにドピュ、ピュと勢いよく大量の精子を飛ばしたのです。

まあ結局、契約は成立しませんでしたが、いいんです。

次に私を満足させてくれそうな、内見のお客様を待ち侘びるだけです。

■激しい「えずき」と今にも窒息しそうな息苦しさと共に押し寄せてくる快感……

ナンパされて知った、フェラチオの本当の気持ちよさ！

投稿者 里崎芽衣（仮名）／26歳／ショップ勤務

わたし、人並みにエッチはキライじゃなくて、この歳まで突き合ったメンズの数はざっと十人以上。皆それぞれ楽しいエッチ・ライフを送ってきたんだけど……一つだけどうしても好きになれないことが……それはフェラチオ。

最初の頃は、「ねえ、しゃぶってよ」と相手に望まれれば、素直にそうしてあげてたんだけど、わたしが一生懸命舐めたり、吸ったりしてあげてる間、向こうはたいてい「ああ、いいよぉ、気持ちいいよぉ……」なんて自分だけヨがりながら、呆けたカオをさらすだけで、わたしとしてはぜ～んぜんキモチよくないし興奮もしない！

ねえ、この時間っていったい何なの？　わたしって性的お手伝いさんか何か？　ってかんじで疑問とウップンが溜まるばっかりで、どんどんイヤケがさしていっちゃったのね。あ、もちろん逆に一方的にわたしがオマ◯コ舐めてもらうのは大好き＆大歓迎だけど、ま、人間なんてそんなもんよね？

ところが！　そんなわたしを大きく変えちゃう出来事が起こったの！
それは今から二週間ほど前の木曜日。
今のカレシの幸太が急な仕事の関係で、約束してたデートに来れなくなったってい
って、わたしとしてはもう激オコ！　だってわたしが勤めてるファッション系セレク
トショップが入ってる駅ビルは、休館日が月二回の木曜日だけで、それを逃しちゃう
と一ヶ月のうちで大っぴらに休める日がほぼゼロになっちゃうわけ。あとは店長に直
訴して個別に休みを申請するっていう形なんだけど、これがなかなかハードル高くっ
て……月に二回休めればいいほうってかんじ？
そんなわけで幸太のヤツ、わたしの貴重な休みの予定を丸一日ぶっつぶしたってこ
と。わたしせっかく、今日は幸太とあそこへ行って、あの店でゴハン食べて、例の評
判のスイーツ味わってって意気込んで……そして何より、久しぶりにたっぷりエッチ
するんだってムラムラ・テンション上げまくってたっていうのに……もう、バカッ！
とにかく、こんなド平日なんて、一応前から予定を組んでもらってた幸太以外、一
緒に遊んでくれそうな女友だちも捕まるわけないし、でも一日中家にいてもしょうが
ないしで、わたし、とりあえず一人で街へ繰り出すことにしたのね。
前から行きたかったカフェでお昼ゴハン食べて、雑貨屋とか服屋とか何軒か見て回

ってちょこちょこ買い物して……ス○バで休憩する頃には夕方の五時近くになってた。

さて、夕飯の買い出しでもして、ひとり寂しくアパートに帰るか、と思い始めてたわたしだったんだけど、そのときおもむろに、隣りの席に一人いた男性が声かけてきたのね。「ねえ、今から時間あったら、ちょっと飲みにでも行きませんか？」って。

そしたらこれがなかなかのイケメンで、けっこうタイプだったのよね。たぶんわたしとほぼ同年代。わたし、そんなに尻の軽いほうじゃないけど、なにしろその日はムシャクシャしてたもんで、ついついオッケーしちゃったわけ。

居酒屋で夕食も兼ねて軽く飲んだあと、七時すぎから彼の行きつけだっていうBARに行って……なかなかいいかんじに盛り上がった末……行っちゃった、ホテル。

「本当にいいの？　カレシにちょっと悪いなあ」

彼はイケメンの上に、きれいに手入れの行き届いた細マッチョのしなやかなボディを見せつけながら言ったけど、そうやって気遣いのある言葉といっしょにシャワーでカラダを洗ってもらってるわたしは、どんどんいい気分になっちゃってた。

ああん、オッパイを揉み洗ってくれてる、この繊細なタッチ、もうサイコー！　ボディソープの泡をねっとりとからめて、ニュルニュル、クチュクチュと乳首をこね回してくる指戯もチョーゼツ気持ちいいし……あ、ああん……。

　わたしもそんな彼へのお返しとばかり、引き締まった胸筋にポッチリと付いたきれいなピンク色の乳首にチュウチュウと吸いつき、舌をからめてねぶりいじくってあげた。見る見る固く尖ってくる。

「ああ、いいよ、感じる……ん、んんん……」

　うっとりと甘い声をこぼす彼のペニスはすでに垂直にいきり立って、今にもきれいに割れた腹筋にくっつかんばかり。わたしはそれを握って、同じようにボディソープの立てた泡をからませ、ニチュニチュ、ヌルヌルとしごいてあげながら、そのますます熱く固くなってくる肉塊の昂りを手のひらで感じて、思わずアソコを濡らしちゃう。

「……あん、はぁ……あうん……」

「さあ、そろそろベッドへ行こうか……」

「うん……」

　そしてわたしたちはシャワーのお湯で体の泡を流し合い、ザクザクッとバスタオルで荒くお互いの水気を拭き取ったあと、ベッドルームへ移動して。

　二人、裸のカラダを重ねてキスしながら、わたしは改めて期待と興奮で胸高鳴らせ、アソコをズキズキと疼かせて……さあ、こんなやさしい彼のことだから、どれだけ気遣って、わたしを気持ちよくさせてくれるんだろう？　……って。

ところがわたしのそんな思惑は、次の瞬間、木っ端みじん！

「さあ、オレのチ○ポ、そのかわいい口でしゃぶり倒してもらおうか！　オラオラッ、喉の奥まで咥えるんだよっ！」

ベッドの上に横座りしたわたしの前に仁王立ちした彼は、いきなり強圧的に豹変すると、荒々しい声でそう言い放ちながら、わたしの髪の毛を鷲摑みにしてグイグイと口もとに勃起したペニスを押し付けてきたの。

「……ちょ、やだっ！　やめてよ、こんな……！」

当然、フェラ嫌いのわたしはそう言って抵抗したけど、とにかく彼の力はものすごく、そしてますます狂暴に荒らぶるばかりで……、

「こらっ、このクソアマッ！　おとなしくしゃぶらねえとブッ殺すぞッ！」

さすがのわたしもその恐怖に恐れをなして、口を開かないわけにはいかなくて……。

「……んぐっ！　ううっ……ぐふっ、うぐう……！」

唇をこじ開け、グイグイ押し込まれてくる肉棒に口内を侵され、気道を圧迫され、空気を求めて喘ぐ苦しさに意識が朦朧としてきたんだけど、そのうち思いもしない変化がわたしのカラダに現れて……！

ああ、何この感覚……なんでこんなに気持ちいいの？

こんな……レイプみたいな仕打ちを受けてるっていうのに……？

まるで喉チンコが第二のクリトリスになったみたいだった。

熱くいきり立った肉棒がソレに触れ、ゴンゴンと情け容赦なく打ち付けられるに従って、激しい「えずき」と今にも窒息しそうな息苦しさと共に押し寄せてくる、地獄のような被虐の快感……！

そして次の瞬間、彼の大量の射精が喉奥に注ぎ込まれて！

「……んぐふぅ……ぐうっ、んぐぅ〜〜〜〜っ！」

なんとわたし、それだけでイッちゃってた。

そして気づいたわけ。これまでは偽物のフェラだったんだって。本物のフェラは、男にご奉仕することではなく、口を、喉奥を犯されることだったんだって。

その後、アソコでも彼のペニスを味わって二回目の絶頂を愉しんだわたしだけど、頭の中は、すっかりこれからのフェラチオ・プレイのことでいっぱいで……さあ、今度幸太と会うときは、わたしからフェラチオをお願いしようっと。

わたしの喉奥を、思いっきり犯してぇっ！

■泡をまとったその繊細な指先が私の固い胸筋を撫で回し、乳首にまとわりついて……

カイカン世代交代？熟女エッチの魅力に目覚めてしまった私

投稿者 藤岡裕介（仮名）／30歳／フィットネス・インストラクター

いやー、驚きました。

長年に渡って貫いてきた性的嗜好が、一夜にして一八〇度変わっちゃうことって、あるんですねー。

その日私は、ジムでのフィットネス・インストラクターの仕事を終えたあと、なんだか無性にエッチがやりたくて仕方なくなっちゃって、シャワー後の一服のひととき、スマホ片手にしょっちゅう利用してる出逢い系サイトで相手を物色し、ものの五分とかからずマッチングすることができました。

ちなみにそこ、登録女性は十八歳～二十二歳まで限定で、つまり若い女の子にしか興味のない男が群がるエッチ目的サイトっていうわけです。

マユカという名で二十歳の彼女は、見た目は今大人気の若手女優の今田〇桜似の超カワイコちゃんで、カラダもナイスバディでもろ私の好みド真ん中！　早速ＬＩＮＥ

を交換してすぐに会う約束を取り付け、ワクワク&ギンギン（笑）状態で所定の待ち合わせ場所へ向かったんです。あ、ちなみに私は自慢の鍛え上げられた筋肉ボディの画像を向こうに送り、その瞬間、どっちかっていうとマユカちゃんのほうから食い気味に『すぐに会いたい』ってレスがあったっていうかんじです。

約束の時間の九時を五分ほど回った頃、S公園入り口近くのベンチに腰を下ろして待っていた私は、背後に人の気配を感じました。「お、来たか」と、できるだけにこやかな笑みを浮かべながら振り返った私でしたが、思わぬ軽い衝撃にその笑顔も固まってしまったんです。

何しろそこにいたのは、『二十歳で今田○桜似のピチピチの美少女』とは程遠く……いや、それなりに整った顔立ちの美形かもしれないけど、どう見ても四十がらみのおばさん……ならぬ熟女だったからです。

でも一瞬、私は「きっと人違いだろう」と気を取り直して、そう言ったのですが、向こうははにかんだ笑顔を見せながら「こんばんは、マユカです。ユウスケさん、ですよね？」と、答えてきたではないですか！

マ、マジか……何これ？　いったい何の冗談……？

呆然自失とする私に対して、なんと彼女は、

「なんてウソ、ごめんなさいね。アタシ、本当はサオリ……マユカの母です」

という、衝撃すぎる一言をぶつけてきたんです！

思わず無言で帰ろうとする私に、彼女、サオリさんは追いすがるようにして説明を始めました。

「アタシ、バツイチで娘のマユカと二人暮らしなんですけど、けっこう仲良し母娘で、よく二人で面白半分に出逢い系覗いたりしてるんです。今回も、マユカがあなたとやりとりしてるのを何気なく横から覗いてたら、アタシのほうがすっかりその気になっちゃって……だますつもりはなかったんだけど……」

と、Tシャツ一枚でたくましい上半身の筋肉美を誇示する私のことを、艶めかしい視線で舐め回しながら言うのです。

でも、サオリさんは自称四十二歳。私にとって、女性としてまったくの対象外です。彼女にまったく魅力がないとは言いませんが、やはりソノ気にはなりそうもありません。私は「ごめんなさい」と言って、その場を立ち去ろうとしたんですが、彼女が泣きそうな勢いで追いすがり、懇願してくるものだから……。

「お願いだから一緒にホテルに行って！　絶対に後悔させないから……ね？　一生のお願い！　あなたのそのたくましいカラダで抱いてほしいのっ！」

とうとう根負けし、願いを聞いてあげることにしたんです。

それは、これまで少なくとも自分より年下の相手としかヤッたことのない私にとって、未知のチャレンジともいえる決断でしたが、正直、四十路のおばさん相手に勃つかどうか、自信はありませんでした。

とにもかくにも、私たちは近場のホテルに向かいました。

部屋をとり、私は服を脱ぐと先にシャワーを浴び始めました。

いつもだったら、このあとのエッチに思いを巡らして早々に勃起してしまう精力過多の私でしたが、そのときはピクリともしませんでした。

あ〜……申し訳ないけど、やっぱりムリかな……私はだらんとしたままのペニスを洗いながら、一向に上がってこないモチベーションを嘆いていました。

そのとき、バスルームのドアがいきなり開くと、豊満な全裸の姿をさらしたサオリさんが乱入してきました。そして、今にも舌なめずりしそうな顔で私のカラダを眺め回すと、そばにあった容器からボディシャンプーの液をこれでもかと手にとり、思いっきり泡立て始めました。そしてそれを自身の裸体中に塗りたくり始めたんです。

「サ、サオリさん……何を……？」

私が訊くと、彼女はニヤリと笑って言いました。

「いいから、いいから……あなたはされるがままじっとしてて。これから天国を味わわせてあげるから」

そして全身泡まみれになった姿で私に抱きつき、ヌメヌメとからみつきながら手足を妖しくうごめかし始めたんです。泡をまとったその繊細な指先が私の固い胸筋を撫で回し、乳首にまとわりついてニチュニチュとしこり上げてきます。泡のぬめりと混然一体となったその艶めかしい動きの甘美さに、さしもの私も反応し、ドクドクとペニスに熱い血流が満ちていくのがわかりました。

「……あ、あう……ん、んんんっ……」

「ああん、ほらほら、すてき！　オチン〇ン、こんなに固く大きくなってきたあ！」

彼女は嬉々とした声でそう言うと、ますます激しくエロい動きで私の全身を責め立ててきます。勃起したペニスの亀頭から根本まで、彼女の柔らかい指リングがニュルニュル、クチュクチュとこねくり回し、上下に何度も何度もしごき上げてきて……絶え間なく襲いかかってくるその甘美な刺激に加えて、もう一方の手で玉袋を揉みくちゃにもてあそんでくるものだから、もうたまりません。

「……んくっ……！」「あうっ！」「ぐぅっ……！」

幾度もイキそうになるのを、そのたびにサオリさんは絶妙のタイミングで寸止めしてきて、それはもう天にも昇りそうなナマ殺し状態といったかんじでした。

「はぁ、はぁ、はぁ……ああ、もう早くイかせて……」

いい加減、音を上げた私がそう懇願しても、サオリさんは許してはくれませんでした。今度はその豊満なバストでヌルヌル、ニチャニチャとパイズリしてきて、いよいよさすがの私も限界状態！　今度こそ射精……というところを、またしても無惨に寸止め&根元をシメ上げられて、私はもうヘロヘロのおもちゃ状態でした。

「……あ、あぁぅ……お願いですぅ……も、もうマジイかせてっ……このままじゃ気が狂っちゃうよぉ……！」

と、再度私が激願しても、やっぱり聞いてはくれず、今度は彼女、なんと泡まみれな状態のまま、私のペニスをフェラチオし始めました。

「あぁっ、そんな……もし飲んじゃったら体によくないよぉ！」

慌ててやめさせようとした私でしたが、サオリさんは女豹のような表情を浮かべたまましゃぶり続け、いやもう、その泡のぬめり具合と手練の舌戯が絶妙に組み合わさった気持ちよさといったら……そこへさらに同時に私のアナルにニュポニュポと指が抜き差しされて……ああ、今度こそもう、限界の限界の限界っ！

まさにギリギリの射精間一髪というところで、ようやくサオリさんは責め立てをやめてくれて、私たちはベッドルームへと場所を移したのでした。

そしてそこでしばしの休憩のあと、改めてカラダを重ね合った私とサオリさんのセックスは、彼女の的確でドンピシャのリードのもと、バスルームでの盛り上がり以上に興奮と快感に満ちた、それはもう素晴らしいものでした。私はしっかりとコンドームを着けたペニスを彼女の中で激しく抜き差しさせ、溜まりに溜まった大量のザーメンをもの凄い勢いで炸裂させて……。

「あうっ……イク！　んあぁ～～～～～っ！」

「あん、あん、あん……イ、イッちゃう……あああああぁぁぁぁっ！」

まさに満足感に満ち満ちたセックスでした。

そしてこの日、自分史上最高の快楽を知ってしまった私は、すっかり熟女相手のプレイにハマり……アラフォー～アラフィフ世代の女性の尻を追いかけ回す日々を送っているという有様なのです。

■雄平さんの分厚くごつい手のひらで柔らかな乳房がぐにゃりと揉み歪められ……

お盆帰省は夫の兄との禁断の関係に濡れ悶えて！

投稿者　佐野まどか（仮名）／27歳／OL

今年の春、二年間交際してきた彼と結婚しました。

二人の住居は都内にある2DKの賃貸マンションで、いつかマイホームを買うべく夫婦共働きの生活を送っています。

そしてこの八月、私は嫁となって初めてのお盆を迎え、新潟県上越市にある夫の実家へ帰省することになりました。私の実家は近場の千葉県なので、そのうち近々の週末にでも折を見て夫を連れて帰るつもりでした。

夫と二人、五日間あるお盆休みの初日に、北陸新幹線の上越妙高駅に降り立った私は、その東京に勝るとも劣らない暑さにビックリしました。気温三十五度はあったのじゃないでしょうか？　夫は「北国といえど、最近じゃ夏はすっかりこんな具合だよ」と当たり前のごとく言いましたが、これまで夏にこちらを訪れたことのなかった私は、思わずクラクラしてしまったほどです。

夫の実家は駅から車で十五分ほどかかるところにあり、夫の兄の雄平さんが運転して迎えに来てくれました。ご両親は二人とも病気でもう既に亡く、実家は雄平さんが継ぎ、奥さんと二人の息子さんの四人家族で住んでいるのでした。

その日の夜は、雄平さんの奥さん手ずからの料理をごちそうになりながら皆で再会を喜び、翌日の午前中に比較的街中にあるお寺を訪れてお墓参りを執り行い、亡きお義父さんとお義母さんの墓前に向かって手をあわせました。

さて、そのあとですが、思わぬ顚末となりました。

夫がこちらに帰省しているという話を聞きつけて、夫の高校時代の友人たちから急遽、夜集まって飲もうというお誘いが来たのです。本当なら、お兄さん家族に迷惑をかけるのも申し訳ないと、お墓参りが終わったら私たちは、さっさと東京に帰るつもりでいたのですが、こうなると夫も友人たち皆と飲みたいという話になって……仕方なく、もう一晩実家に泊めてもらうことになったのでした。

夫は飲み会のために夜の七時ぐらいに出かけていき、私は昨日に続いて雄平さん家族と夕食の卓を囲みました。そしてしばらくテレビを観たりしながら宵を過ごした後、どうせ夫が帰ってくるのは午前様だろうということで、夜の十時すぎ、皆は床に就きました。

雄平さん一家は一階で眠り、私一人、二階の客間に布団を敷いてもらって休みました。一応、嫁として夫の実家で迎える初めてのお盆であり、墓参りということで、思いのほか気疲れしていたのでしょう。私は床に就くや否やすぐにウトウトしてしまい、ほどなく眠りに落ちました。

それからどれほどの時間が経ったでしょう。

私は何やら体に妙な違和感を感じて目を覚ましました。何かずっしりと重いものが全身に覆いかぶさっていて、身動きをとることができません。しかも、エアコンが効いてヒンヤリと涼しい部屋の中、その重みは熱い体温を持っているようで、ジワジワと私の体内を侵食してくるみたいでした。

ひょっとしてこれって、俗にいう『金縛り』？

でも、こんなに熱いものなの？

真っ暗な部屋の中、まだ眠気まなこで朦朧とする私でしたが、次の瞬間、あまりの衝撃に、完全に覚醒することとなりました。

「まどかさん……初めて会ったときから、ずっと好きだった……」

私に覆いかぶさりながらそう言ってきたのは、まぎれもなく義兄の雄平さんの声だったのです。

私はそのとき起こっていることがにわかには信じられませんでしたが、とりあえず大声をあげたりしないよう自制しました。いくら私が襲われている（？）立場だとはいえ、雄平さんの家族がすぐ階下で寝ている手前、どうしても事態をあからさまに訴えることがはばかられたからです。

「や、やめてください、お義兄さん……私、困ります……」

私は声をひそめて抗いましたが、雄平さんはどいてはくれず、それどころか寝ている私のカラダをまさぐり回し始めました。もちろんブラは外して薄いパジャマ一枚をまとっただけなので、雄平さんの分厚くごつい手のひらの圧力で柔らかな乳房がぐにゃりと揉み歪められ、乳首が押しひしゃげられてしまいます。

「……あっ、いたい……くうっ……」

「ああ、ごめんよ、まどかさん……もっとやさしくするね」

いや、そういう問題じゃなく、もうやめてください……そう言いたかったのですが、なぜか声が出てきませんでした。せっかく快く私たちを迎えてくれているお義姉さんと甥っ子たちの平安を、私がここで雄平さんに抗い叫ぶことで、ぶち壊してしまうかもしれない！　そう思うと、それこそ本当に金縛りにかかってしまったかのように、がんじがらめに固まってしまったのです。

そんな私の沈黙を真逆の了承の意味で受け取ってしまったかのように、雄平さんは私のパジャマの前をはだけて胸を露わにすると、愛おしげに乳首を舐め吸い始めました。やさしく、やさしく……ねっとりと濃厚に……レロレロ、チュウチュウ、チュパチュパ、ニュブニュブ……「んあっ……はぁぁ……」

先ほどの苦痛めいた感触に反して、今度は世にも甘美な触感を持って襲い来る愛撫……その狂おしいまでの官能のギャップに、私はたまらず喘いでしまっていました。

「ああ、まどかさん、気持ちいいんだね……感じてくれて嬉しいよ……くそう、真二郎（夫の名前です）が憎い！　こんな最高のオンナを手に入れるなんて……」

そんな、お義姉さんだってあんな素敵な女性じゃないですか！

そう言って反論したいのはやまやまでしたが、そんなこと言ったところでどうなるというのでしょう？　今や完全に恍惚として目の色が変わってしまった雄平さんの振る舞いを止めることなど、誰もできないに決まっているのです。

雄平さんは、とうとう私を全裸にしてしまうと、両脚を大きく開かせ、股間に顔を突っ込んできました。そして驚くほどの繊細さで私の恥ずかしい肉豆を、肉ひだを吸いしゃぶり、ねぶり回してきて……まるで甘い電流が走り抜けるように私の全身がビクビクと震えおののき、トロトロと股間を淫らな粘液がしたたり流れていきました。

「……んあっ……はあっ、あ……んくふぅ……」

必死で押し殺しながらも、どうしても洩れこぼれてしまう喜悦の喘鳴……義姉や甥っ子たちの気持ちを考えて、抵抗することを我慢してしまったがゆえに、取り返しのつかないところまで性感をほぐされてしまった私……もう、すべては手遅れでした。

私はいつしか自分のほうから雄平さんの股間に手を伸ばし、その怖いくらいにいきり立った肉の昂りを握りしめると、待ちきれないかのようにしごき上げていました。

そのたびに先端からしたたりほとばしる先走り液がヌルヌルと私の手を濡らし、ますます私の欲望を昂らせてしまいます。

「はあっ……お義兄さん……もうガマンできない……お義兄さんのこのたくましい肉棒、わたしのココにちょうだい……ああん、早くぅ……」

熱くささやきながら私はそう懇願し、濡れた股間を自ら迫り上げるようにして、雄平さんの張り詰めた玉袋になすりつけました。その密着はネチャネチャという音を発しながら淫らな糸を引き、雄平さんの肉棒はひときわ巨大に、雄々しいまでにたくましくそそり立ちました。

「じゃあ、入れるよ、まどかさん……」

「はあん……きて、きてえっ……！」

雄平さんはしっかりと私を抱きしめて全身を密着させながら、それをズブズブと奥深くまで挿入してきました。そして奥まで当たったところで一旦引き、そしてまた突き入れて、さらにまた引いて……そうやってピストン運動は勢いとスピードを増していったかと思うと、最終的にまるで爆発をなんども繰り返すかのように激しく打ち付けられてきました。

ズップ、ヌップ、ジュップ、グププ、ズルル、ズプズプッ……！

「はぁっ……あぁ、あたし、もうダメッ……イ、イクッ……！」

「まどかさんっ……ああ、俺もっ……！」

クライマックスの刹那、雄平さんは引き抜いた性器から私のお腹の上に精液をまき散らし、私はそのポタポタと熱い感触を肌で感じながらイキ悶えていました。

誰にも言えない、この夏の私の秘密の夜の出来事。

次の夫の実家への帰省の折、私はどうなってしまうのでしょうか？

■何このぎこちなさは⁉　あ、ちょっとちょっと、その穴じゃないって……

ナンパしてきた相手は超巨チンの童貞クンだった！

投稿者　飯塚真琴（仮名）／23歳／フリーター

その日、カレシとデートのはずが直前でドタキャンされて。

でもかといって、アタシもせっかくの休みを家で引きこもって過ごすのももったいないので、一人で街をぶらつくことにした。

だって、いつもの遊び仲間もさすがにつかまらなかったんだもん。

前から行きたかった評判のバーガーショップで絶品のアボカドチーズバーガーを食べ、お気に入りの雑貨屋で小物やアクセサリーを見て回って……それなりに楽しかったけど、その時点でまだ午後三時すぎという、けっこうな時間の持て余しっぷり。

え〜っ、まだ帰りたくないな〜……どうしよっかな〜……。

アタシは道端のベンチに座って、そんなかんじでちょっと途方に暮れてた。

するとそのとき、

「ねえ彼女ォ、ヒマしてるんだったら、オレとちょっと付き合わない？」

と、声をかけてくる相手が。

見るとそこには、アタシと同じ歳くらいかな、と思わせる雰囲気で、服装もなかなかセンスのいいイケメン男子が立ってて。

久しぶりにナンパかあ……ユウダイ（カレシの名前）にはちょっと悪いけど、もともとアイツが今日、ドタキャンしたのが悪いんだし……ちょっと付き合ってあげてもいいかな？

そう思ったアタシは、

「うんまあ、ヒマしてるっちゃあそうだけど……付き合ってあげるって言ったら、何して楽しませてくれるわけ？」

と、ちょっと上から目線で訊いてた。

とりあえずお茶だとか、つまんないこと言うようだったら承知しねーぞってかんじの念を込めて。

すると彼から返ってきた答えは、ある意味爽快だった。

「サイコーのセックス」

アタシは一瞬、ポカンとなったけど、すぐに「いいじゃん！」って思って、

「オッケー！　じゃあどこか知ってるホテル、ある？」

と応え、彼がこの辺はあまり詳しくないって言うもんだから、アタシが先導する格好で、ユウダイと何度か行ったことのある近辺のホテルへ二人で向かった。

その道すがら、内心、さすがにいきなりホテルはユウダイに対して仕返し過剰過ぎるかな？　と思いつつも、久しぶりにユウダイ以外の相手……しかもかなりのイケメンとエッチできるっていう新鮮なワクワク感に、アタシは身も心も興奮でたかぶりっぱなしだった。

で、ついにホテルの部屋に入ったアタシたち。

アタシはサッサと先にシャワーを浴びると、ベッドの上、裸でシーツにくるまって彼がバスルームから出てくるのを待った。

五分後、濡れた体を拭きながらベッドルームに戻ってきた全裸の彼の姿を見て、アタシは思わず「ひゅ〜〜〜っ！」と口笛を吹きたい気分だった。

まちがいなく何かスポーツをしていただろうその肉体は、しなやかかつたくましい筋肉に覆われ、お腹も腹筋がきれいに割れたシックスパック。太腿からお尻にかけての下半身も強靭な力感をたたえていて、セックスのピストン運動時にさぞや爆発的エネルギーを放出してくれそうな雰囲気マンマン！

そして、股間にぶら下がったモノのスゴイ存在感！

すでに反応し始めている、彼のきれいに剝けたペニスは半勃ち状態だったんだけど、その時点でもう長さが十五～十六センチぐらいあって、太さもたっぷり。

ああん、これでフル勃起した日には、いったいどんだけ大きくなっちゃうの～？

アタシは、実はちょっと短小包茎気味のユウダイのモノとどうしても比べちゃって、そのあからさま過ぎるブツの優劣差ゆえに、ますます余計にイケメン彼とのセックスに対する期待が高まっちゃうかんじだった。

アタシはベッドに寝そべり、両脚を大きく左右に広げて彼を待ち受けた。

ああ、早く早くぅ！　その見事なガタイと立派なブツで、アタシのこと、とことん愛して、めちゃくちゃに感じさせてぇ～～～～！

とか思ってるだけで、ほらほら、もう乳首はビンビンにおっ立って、オマ〇コはイヤラシイ汁を溢れさせてる……たまんない！　そしてそこへいよいよ彼が覆いかぶさってきて、アタシの乳房に触れ、アソコに指を伸ばして、さぞや魅惑の愛撫を……と思いきや……何このぎこちなさは⁉　あ、ちょっとちょっと、その穴じゃないって！　乳首もそんなにつねっちゃダメだってば！　ええっ、ま、まさかっ……⁉

アタシは思わず彼に訊ねてた。

「あのさ、あなた、いったいいくつ？　これまでエッチの経験、あるの？」

すると彼の口からは驚きの、でも同時に納得の答えが返ってきた。

「す、すみません……実はオレ、今十七歳で……正直言うと、童貞です」

そう、彼はアタシをナンパするにあたって、背伸びしていかにも経験豊富な風を装っていたけど、実際は超セックス初心者だったというわけ。

いや〜っ、大人っぽいイケメン顔と、センスのいい高級感のある服装にすっかりだまされちゃったわ。話を聞くと、彼は大の年上女性好きで、そういう相手がどういった相手を好むかを自分なりに研究した上で、今日街で見かけた好みドンピシャのアタシに対し、満を持して声をかけたということだった。

いわばアタシはまんまとだまされちゃったわけだけど、正直、怒りは感じなかった。それよりもむしろ、それだけアタシを求めてくれた熱意にほだされ、かわいいと感じ……そしてふと思った。

そういえばアタシ、童貞男子相手のエッチって初めてじゃない？

さっきまではすっかり、経験豊富なイケメンにリードしてもらうつもりでいたけど、童貞のウブなイケメンを、アタシのほうがリードしてエッチするのも楽しいかも？

この切り替えの早さがアタシの信条（ホントか？）、キモチも新たに、六つも年上お姉さんの童貞食いセックスを愉しむことにした。

「ほら、そこに横になりなさい」

アタシは彼にそう促すと、すっかりダランと縮こまってしまった（それでも軽く十センチ以上はあるけど）ペニスに手を添え、フェラチオを始めた。亀頭の縁にヌチュヌチュと舌を這わせ、亀頭全体を大きな飴玉をしゃぶるようにチュポチュポと舐め回すと、タマタマを手のひらでモミモミ、コロコロと揉み転がしながら、ペニス全体を喉奥まで咥え込んで勢いよくジュッポジュッポとバキューームしてあげて……アタシが長年培ったフェラテクの炸裂に、彼は「んあっ、ああっ……すごい……き、気持ちいい〜っ！」と、もう腰をくねらせてヨがりまくり！

いよいよ全貌を現した彼のフル勃起ペニスは、長さ二十センチ、太さ五センチという惚れ惚れするような威容で、アタシも無我夢中でしゃぶりながら大コーフン！　愛液が溢れまくって、アソコはジャブジャブの大洪水だった。

「よし、そろそろ入れてもいい頃ね」

アタシがそう言って彼の超勃起ペニスを支え立て、そこに腰を落として挿入させようとすると、彼は慌てて、

「……えっ！　ゴム着けなくていいんですか？」

と言ってきたけど、アタシはニヤッと笑って応えてあげた。

「だって念願の童貞卒業の瞬間だもの、ナマでオマ○コ味わいたいでしょ？　あ、アタシなら大丈夫、さっきピル呑んだから安心して」

「ほ、ほんとですか〜っ？　マジ感激です！」

そしていよいよ合体！

アタシはアソコを支点に狂ったように腰を振り立てて、咥え込んだ彼のペニスを味わったあと、今度は四つん這いになって彼にバックから入れさせてあげて……超パワフル&ディープにズンズンと突いてくる巨チンがもたらす快感は、ユウダイとのエッチなんかの比じゃなく、アタシはいつの間にか相手が童貞だということも忘れて、何度も何度もイキまくっちゃった。

彼は最後の正常位で、信じられないくらいの量のザーメンをアタシの胎内に注ぎ込み、これで晴れて童貞卒業の儀、コンプリート。

「ありがとうございました！　マコトさんのこと、一生忘れません！」

彼はそう言って満面の笑みで去っていき……何、この爽やかさ？（笑）

第三章

秘めた快楽を暴かれて

■夫の優に倍近くはあろうかという規格外の肉棒に濡れた肉割れを掻き回され……

体育教師に蹂躙されて目覚めた私の中の狂気の獣欲

投稿者 中本沙羅（仮名）／28歳／中学校教諭

昨年、二年間付き合った一つ年上の同僚教師と結婚しました。まだ若いのにもうだいぶ頭が薄くなっていて、決して見た目がいいとは言いがたいのですが、温厚でやさしい、すばらしい人間性の人で、この先子供が生まれたら、きっと温かで素敵な家庭が作れることでしょう。

でも一方で、結婚して晴れて夫婦になったにも拘わらず、以前から私が彼に対して抱いていた不満が解消されることはなく……いえ、むしろより近しい存在になったからこそ逆に、そのもどかしい思いは強まるばかりでした。

それは彼のセックスに対する積極性の無さと、精力の貧弱さに対する嘆き。

そもそもは私自身があまり性に対して積極的でなかったのもあり、彼のやさしい人間性にほだされて彼と付き合い始めた当初は、そのセックスのパッとしなさもそれほど気にならなかったのですが、カラダを重ねる回数が増えていくに従って、だんだんと「この先もずっとこの中途半端な、あまり気持ちいいとは言えないセックスライフが続くのかしら？」という不満が大きくなってきて……でも、自分の年齢とか世間体とかを考えた挙句、半ば仕方なく結婚したという経緯がありました。

もちろん、まわりに対してはそんな内心はおくびにも出さず、幸せで充実した結婚生活を満喫しているふうを精いっぱいアピールしているつもりだったのですが、やっぱりそんなごまかしは、いつかは見抜かれてしまうようでした。

ある日、一日の授業を終えた放課後、顧問をしている英語研究会での指導も済ませ、職員室に戻って翌日の授業の準備を整えた私は、帰り支度をして教職員出入り口に向かって歩いていました。夫は強豪の男子バスケ部の長い練習時間の面倒を見ているので、まだまだ帰れそうにはありません。

先に帰って夕飯の準備をしておかなきゃ。そんなことを考えながら歩いていた私でしたが、その前にいきなり大きな人影が立ちはだかりました。

「ああ、中本先生、今帰りですか？　お疲れ様です」

それは体育教師の野口（三十歳）でした。有名体育大学出身で、優に一八五センチを超える長身な上に全身筋肉隆々で、一六〇ちょっとしかない細身の私は、彼の前ではいつも圧倒され、ヘビににらまれたカエルのように萎縮してしまいます。

「野口先生、お疲れ様です。今日はまだお仕事ですか？」

「いえ、僕が教えてるレスリング部は明日から全国大会なので、今日は早めに練習を切り上げて、僕ももうお役御免なんです」

「そうなんですか。たまにはそういうこともないと教師だって体がもちませんよね。では私はこれで……」

そう言ってそこから立ち去ろうとしたときのことでした。

野口はいきなり私の口をその大きな分厚い手のひらでふさぐと、そうやって声を封じながらもう片方の手で楽々と私の体を抱え上げ、人気のない廊下をはやてのように走り出したんです。

一瞬、何が起こっているのかわからず、呆然としたまま彼のなすがままだった私ですが、やがて程なく、体育館の隅にある体育倉庫の暗がりに連れ込まれたことを認識しました。でも相変わらず、何の目的で野口がそこへ私を連れ込んだのかまでは、わかる由もありません。

その間に、ガチャリと倉庫の内鍵がかけられた音が聞こえました。もうこれでここには外から誰も入ってくることはできません。すると野口はニヤリと笑って私の口をふさいでいた手をどけると、代わりにタオルを丸めて私の口内いっぱいに突っ込んできました。「……ん、んぐっ、うぅ……ふぐぅ……」私は力なくくぐもった呻き声しか出せず、野口はその様子をいかにも満足そうに眺めながら、着ている服越しに私の体をまさぐり回してきました。そしてこんなことを言いだしたんです、

「ああ、全体は細身だけど、オッパイもケツも、出るとこはちゃんと出ててボリュームがあって……ほんとたまんねえダイナマイトバディだ！　なのに、この最高にいいカラダを、あんた、ダンナに満足に可愛がってもらってないんだろ？　この間いっしょに飲んだとき、ベロンベロンに酔っぱらったダンナから全部聞いたぜ？」

えっ、ええっ⁉　あの人ったらそんなことを……？　にわかには信じられませんでしたが、それに続く野口の言葉を聞いて、もうぐうの音も出ませんでした。

「ダンナ、あんたのこと、言ってたぜ。……アイツ、一応一生懸命感じてるフリして声出してるんだけど、俺にはわかるんだ……演技の声だって。ほんと、貧弱なチ○ポな上にテクニックもない俺のこと、愛想をつかしてるに違いないんだ、ってね」

ウソ、図星だ……あの人ったら、全部わかってたんだ……！

私は実際に不平不満を抱えながらも、なぜか夫に対して良心の呵責のようなものを感じてしまいました。ごめんね、あなた……。

そんな私の内心の声などお構いなしに野口が言葉を続けます。

「で、それを聞いた俺はがぜん使命感に駆られちまったってわけだ。見事すぎるボディを持て余してる女教師の欲求不満を解消してやるのは自分しかいないって、な！」

そして彼は私の服をひん剝き、ひっぺがし、全裸に剝かれた私のカラダを床に押し倒すと、私のお腹の上にちょうど格闘技でいうところのマウントポジションの格好で乗っかると、自分の服を脱ぎ始めました。まるでほとばしる肉欲が淫らに染め上げたかのように、桜色に艶めいた彼のたくましい筋肉がうねり、引き絞られながら露わになり、そのまま私の裸の胸の上に覆いかぶさってきました。

「おおっ！　柔らかいけど見事な弾力のある、絶品の乳肉感！　俺の太くて固い胸筋にからみついて、スケベに誘惑してくるみたいだ……」

半ば恍惚じみた口調でそう言う野口の股間は、ピッチリしたボクサーショーツの布地をつき破らんばかりに恐ろしい勢いで怒張し、まるで獲物に食いつこうと牙を剝きうなる獰猛なドーベルマンのようです。

そして私はその怒張が発する狂気じみた熱気を全身で浴びながら……正直、未だかつてないほど興奮し、欲望に猛り、その怒張が、たくましい肉の棒が欲しくて欲しくてたまらなくなってしまっていました。

そしていよいよ野口がボクサーショーツを脱ぎ去り、現れた剝き身の怒張が股間の茂みを掻き分けて侵入してきたとき、私は今にも爆発せんばかりの快感の昂りに呑み込まれてしまって……！

「んぐっ、うう、んんん……んんんん〜〜〜〜っ！」

夫の優に倍近くはあろうかという規格外の熱く固い肉棒に、淫らに濡れた肉割れを掻き回され、乱れ蕩けた体内をえぐり回されて……それはもう、このまま死んでしまってもかまわないと思えるほど最高にキモチいいセックスでした。

「ほらほら、どうだ？　俺の硬くてぶっといチ○ポ！　たまんねえだろ？　もっともっとマ○コの中、気持ちよく突きまくってやるからな！　おらおら〜〜〜〜！」

（ああっ、はぁっ……あんあん、あ、あああぁ〜〜〜〜〜〜っ！）

封じられた唇の奥で、何度も何度も魂の快楽の喘ぎ声をほとばしらせる私……結局、野口が大量の精を放って達するまでの間に、なんと計十回もオーガズムを爆発させてしまい……いくらなんでも自分の中にここまでケダモノじみた淫乱な本性が潜んでいるとは思いもしなかったのでした。

ああ、もう夫なんかでガマンしてる場合じゃない。

この日、私のオンナとしての人生は完全に変わってしまったのです。

■彼女はオレのギンギン状態のアレを引っ張り出すと、その細くかわいい指で……

満員電車内、痴漢を仕掛けた女のエロ豹変ぶりに驚愕！

投稿者 杉山拓人（仮名）／32歳／会社員

オレ、もともと三度のメシより痴漢行為が好きなワルイ奴で、以前はしょっちゅう通勤の満員電車の中なんかで、カワイイ女の子見つけては触りまくってたんですよね。ところがほら、最近ヘンに正義感ふりかざした奴がイキって、痴漢をとっ捕まえては駅員や警察に引き渡すユーチューブ動画なんかが多いじゃないですか？　あんなの見てたら、さすがにオレも、こりゃちょっと雰囲気ヤバイなって感じになって、ここのところけっこう自粛してたんですよ。

ところがついこの間、そんなオレのなけなしの（笑）自制心が思わず吹き飛んじゃうようなチョー好みの女の子を電車内で見かけたもんで……たまらず手を出しちゃったんですよね。

これはそのときの話です。

朝の七時半、オレは会社へ行くべくいつもどおりにぎっしり満員に込み合った通勤電車に乗り込むと、両耳にワイヤレスイヤフォンを装着、スマホでお気に入りの動画を見始めたんですけど、次の瞬間、自分のすぐ目の前にいた身長一六〇センチ足らずの、今どきだと小柄な部類に入るＯＬ風の女性の存在に気づき（ちなみにオレは一七七センチ）、思わずハッとなったんです。それまでは彼女、向こうを向いてて顔が見えなかったんだけど、電車が大きく揺れた次の瞬間、よろめいた拍子にその顔がはっきりと見えて……色白でおしとやかそうな、もろお嬢様チックな和風美人……。


いやー、もう完全にオレのタイプど真ん中だったんですよね！

しかもそんな彼女に対して、オレは背後からほぼ密着状態っていう……。

もう、これで触らないで、いつ触るの⁉　って感じでしょ？

エエかっこしいのユーチューバーなんぞクソくらえ！

オレは理性も自制心もかなぐり捨てて、彼女に対しての痴漢行為をおっぱじめちゃったわけです。


ギュウギュウの満員状態の中、オレはきっちりまっすぐ、彼女の背後にぴったりと体を密着させせました。今日はリュックの中の荷物も少なくてほぼペチャンコ状態なので、体の前で抱えていてもそれほど邪魔にならず、かなりラッキーって感じです。

そして、ちょうどオレの鼻の下あたりに彼女の頭頂部が位置し、世にもかぐわしい爽やかなシャンプーの香りが立ち昇ってきて……く〜っ、たまらん！　今どきの女は何だかやたら濃厚な香りのシャンプーやトリートメントを使いすぎて、逆に臭くてたまらんって感じだけど、これこれ、この品のいい控えめな香りこそ萌えるんだよな〜……。オレはその芳香を思いっきり吸い込むや否や、自分のアレに一気に熱い血流が流れ込み、スーツのズボンの下で股間が固く突っ張るのがわかりました。

うお〜〜〜っ、もう止まんねぇぇ〜〜〜〜！

オレは彼女の控えめながらプックリと力感を湛えたかわいらしいお尻に、スカート越しにグリグリと固い股間を押し付けながら、空いている両手を持ち上げて彼女の前のほうに回すと、ざわざわと胸をまさぐりました。薄くなめらかなブラウスの生地越しに、ブラジャーに覆われた、決して大きくはないけどいかにも形のよさそうな乳房のたたずまいが感じ取れました。

オレはそれを、少し力を入れて揉みしだき始めました。ブラのカップがペコリとへこむようなことはなく、内側の乳肉が十分なボリュームをもって中のスペースを埋めていることがわかります。

と、ここまでオレにされても、彼女が反応することはありませんでした。

声を出すことも、身じろぎすることもなく……ふふふ、いきなりの痴漢行為に、怖くて恥ずかしくて、どうしていいのかわからないんだな。ああ、ウブでかわいいなあ……オレの興奮具合はますます高まり、行為はエスカレート。

ブラウスのボタンを外していき、前をある程度はだけさせると、左右のブラのカップ下側をグイッと持ち上げ、続いて両手の人差し指と中指の二本を、それぞれの隙間にねじ込ませていきました。そして下乳が描く曲線に沿って這い上らせていって……とうとう辿り着いた小粒な乳首の突起を二本の指で挟んでクリクリともてあそんで。

「……んっ……ふぅ……！」

いよいよダイレクトな刺激にさらされ、さすがにたまらなかったのでしょう。彼女はとうとう、オレにしか聴こえないレベルの小さな喘ぎ声を発し、カラダをピクンとわななかせるという反応を見せました。

ああ、本当にかわいい……たまんねぇな、こりゃあ！

オレの興奮度はＭＡＸ、ズボンの下でアレは、今にも破裂せんばかりにガッチガチにいきり立っていましたが、さすがにこれ以上の過激な行為は難しく、降車駅がそろそろ近いということもあり、オレは緩やかに撤退準備に入ろうとしました。

と、そのときです、彼女が思わぬ行動に出たのは！

彼女は、電車の揺れに伴ってできた一瞬の隙間を利用して素早く体を反転させ、正面からオレのほうを向くと、自らカラダをぴったりと密着させてきたんです。もちろん、オレによってこじ開けられ、淫らにさらされたブラ姿はそのままで。

そのあまりの早業にオレはビビりましたが、幸い、まわりの乗客は誰一人気づいてはいないようです。彼女の意図がわからずドギマギするばかりのオレでしたが、ほぼ頭一つ分背の高いオレの顔を上目遣いで見ながら、彼女は囁き声で言いました。

「おい、ケーサツに突き出されたくなかったら、言うこと聞けよな?」

その口調は、見た目のおしとやかさとは裏腹にハスッパで高圧的で……オレはあまりのギャップにとまどうばかりでしたが、ここで彼女の言うことを聞かないという選択肢など、あるわけがありません。

オレがコクコクとうなずくと、彼女は満足そうに微笑して言いました。

「乳首、もっとちゃんと可愛がってくれよ」

想像だにしなかったその言葉に、一瞬目が点になったオレでしたが、すぐに気を取り直して言われたとおり行動を開始しました。

さらにブラのカップを上側にずらして左右の乳首を大きく露出させると、今度は親指と人差し指の二本で、より細やかに強弱をつけながらクリクリといじくりました。見る見る乳首が固く尖ってくるのがわかります。

「……んっ、ふぅ……う、うう……」

まだまだ周囲には聞こえないものの、彼女の喘ぎ声はますます荒くなっていき、その昂りに煽られるかのように、さらに信じられない行動に出てきました。

なんとオレのズボンのチャックを下げ、中のボクサーショーツの前部分もこじ開けてギンギン状態のアレを引っ張り出すと、その細くかわいい指でしごき始めたんです。

「……あ、ああ……そ、そんな……っ……」

驚愕と快感のるつぼの中で動揺し、息も絶え絶えの声でオレがそう喘ぐと、畳み掛けるように彼女はもう一方の手で、自分の乳首をいじっているオレの右手に手をかけ、自分の股間のほうにグイグイと引き下ろしながら言いました。

「ほら、あたしのオマ○コもいじりなさいよ！　ほらほら、早く！」

ここまでやって、オレらのしてること、誰かに気づかれてないんだろうか？

オレの脳裏にふっと一抹の疑問が生じましたが、彼女にしごかれますます高まる己の快感と、ズンズン強いてくる彼女のエロ指令に煽られるまま、陶然となったオレはついに一線を越えてしまったんです。

右手で彼女のスカートをめくり上げて内側へと忍ばせ、パンストごとこじ開けてその股間に潜り込ませると、すでにグッチョリと濡れそぼっている秘部を指先でチュクチュクといじくり回して……。

「んあっ、あん、あ……うふぅ……あふん……！」

するとさすがに彼女の音声レベルは一段階上がって、ある程度明確に辺りに響き、同時にオレへの責めしごきも激しさを増して……！

「……んぐっ、うっ……ぐうぅ！」

オレはたまらずイッてしまい、たぶん彼女の衣服を汚してしまったと思います。彼女のほうもイッたかどうかはわかりませんが、その後間もなく電車が駅に着くとそそくさと降車していき、オレも慌ててそのあとを追うようにホームへと降り立ちました。

幸い、間一髪で性器をズボンにしまい込むことができましたが、まあ間違いなく、オレと彼女の痴態に気づいた乗客は何人かはいたことでしょう。

それにしても彼女、いったいどういう女だったんだろう？

自分のことを棚に上げて言うのもなんですが、ほんと世の中、とんでもない人間がいるものですね（笑）。

■今まで味わったことのないその粘着質でしつこい愛撫に、だんだんキモチが昂って……■

進級と引き換えに年配講師とのベテランHに悶え狂って

投稿者　大島奈々（仮名）／21歳／専門学校生

アタシ、一旦入学した女子大を二年で中退して、昔から好きだった服飾デザインのほうをちゃんと勉強し直そうと、それ系の専門学校に入り直したんですけど……いやー、そこでできた友だちと遊び歩くことが面白すぎて、ついつい肝心の勉強がおろそかになっちゃって、試験も課題ももうボロボロ！

学年主任の先生から、

「このままじゃあ、とても二年に進級させるわけにはいかないなあ」

なんて言われて、思わずガーンとなっちゃいました。

え、アタシだけ進級できないなんて……ユナともミクともセリナとも、今みたいに遊べなくなっちゃう！（そっち!?／笑）

そんなのはイヤだ！　と、必死で先生にすがりついたんです。

「お願いです、先生！　何でもするから二年に進級させてください！」

すると先生が一瞬、目をキランと輝かせて言いました。

「……何でも？　進級させてあげたら、本当に何でもするの？」

その目が今にも食いつかんばかりに真剣だったもので、アタシは若干引きつつ、でも気を取り直して言いました。

「はい、何でも！　アタシ、どうしても来年二年生になりたいんです！」

「そうか……よし、わかった」

先生はそう言うと、席を立ってドアのほうに向かい、内側からロックしました。そしてゆっくりとこっちのほうを向くと、いかにも妖しい笑みを浮かべたんです。

これで狭い学年主任室は、アタシと先生二人だけの密室になってしまいました。外からは誰も室内に入って来られません。さすがに鈍いアタシでも、これから先生が何をしようとしているのかわかり、ちょっと驚きました。

先生は言いました。

「実は先生ね、前からキミのこと、すごい可愛いなって思ってたんだ……キミのカラダ、好きにさせてくれるんなら、進級させてあげなくもないけど……どうする？」

正直、そのこと自体に驚きはありません。

アタシも二十二にもなって、それなりにエッチ経験はありますし、交換条件的にカラダを求められたことも何度かありましたから。自分の顔もカラダも男に対して有効な武器になるってこと、ちゃんと認識してました。

驚いたのは、先生の年齢ゆえです。

先生、全部で五人いるクラス担任講師を束ねるベテランで、実は六十歳近いんです。ざっとアタシの三倍の年齢！　これまで同年代か、せいぜい三つ四つ上の男としかエッチしたことのないアタシとしては、マジびっくり！

えっ、その年でまだ性欲があるの？　アレが役に立つの？　ちゃんとできるの？女を満足させることができるの？　……みたいな。

でもまあ、それはさておき、エッチしてあげれば進級させてくれるっていうのなら、それはそれでお安い御用って感じで、別に抵抗はありませんから、アタシはオッケーしていました。

「でも代わりに、絶対進級させてくださいよ？」

「ああ、もちろんさ、約束な！」

先生はもう本当にとろけそうなぐらい嬉しそうな表情を浮かべると、立ったままのアタシの服を脱がしてきました。そしてあっと言う間に、上下、ブラとショーツだけの下着姿にされて。

「ああ、雪みたいに白くてピチピチで……なんてきれいでフレッシュな肌なんだ！」

先生はアタシの素肌を手で撫で回しながら鼻息も荒くそう言い、アタシはといえばそうされるうちに、今まで味わったことのないその粘着質でしつこい愛撫に、だんだんキモチが昂ってくるのがわかりました。

あん、こんなの初めて……ちょっとイイかも……？

「んあっ……ふぅ……んんっ……」

思わずこぼれたアタシの甘い喘ぎ声を聞いた先生は、さらに興奮して口の端にヨダレの粒を泡立たせながら、アタシの下着を脱がせてきました。

プルンとアタシの生オッパイがこぼれ、白い肉房を震わせると、

「う～ん、た、たまらん……！」

と息を喘がせるように言い、肉房を手のひらで包んで柔らかく揉みほぐしながら、ピンク色の左右の突起を代わりばんこに口で味わい始めました。その絶妙のチカラ加減といい、乳首を転がし舐め、チュウチュウと吸いいじくる緻密なテクニックといい、そしてその両方が合わさった流麗なコンビネーションといったら……！

マジ、もう悶絶！

こんなカイカン、これまで味わったことないよーっ！

皆、どの男も、チ〇ポをしゃぶらせ、乳首を舐めさせ、そしてマ〇コに突っ込んで、いかに自分が気持ちよくなるかに一生懸命で、ほとんど誰もアタシのカイカンのことなんて気にかけてくれなかった。

でも、先生は全然違った！

オッパイに続いてオマ〇コもたっぷり、クリちゃんを丁寧にいじくり責めながら、いやらしいヒダヒダをこれでもかと舐め啜り、中をヌチュヌチュと搔き回してくれて……さらにそこからオツユが溢れしたたり、流れ辿り着いたアナルまでイヤというほど、ビチャビチャ、ジュルジュルと舐め回してくれて……いやもうホント、気持ちよすぎて頭が変になっちゃうかと思ったくらい。

この時点でもう三、四回はイッてしまってたアタシは、自ら進んで言っていました。

「はぁはぁはぁ……お、お願い……先生のもしゃぶらせてぇっ！」

「……ああ、いいとも！　存分に味わいなさい」

先生は自らズボンと下着を脱ぎ、下半身だけ裸になりました。その股間のモノは大きさはそれほどでもないけど、カチカチに固く勃起していました。

アタシは先生の前にひざまずいてチ〇ポにむしゃぶりつくと、飢えたメス猫みたいに無我夢中でフェラチオしました。

「……お、おおっ……いいよ、ああ、サイコーだ……あ、あうう……っと……ヤバッ……そ、そこでストップ！」

アタシの超絶フェラにイキそうになってしまった先生は、一旦それを止めると、改めてサイフから取り出したコンドームを勃起チ○ポに装着し、そのまま椅子に深く腰を沈めて……アタシはその上にまたがり、自らのマ○コで呑み込んでいきました。

「あ、ああん！　いいわ、ああ、せ、先生っ……んあっ、はぁっ……！」

「ああ、いいよ、ほんとにサイコーだ！　さすが若いオマ○コは締まりが違う！」

「ああん……イクイク！　先生、イッちゃう～～～～っ！」

「うぐぅ……わ、私もっ……おおうっ！」

先生はコンドームの中に盛大に発射し、アタシもビクビクと達していました。

こうして、アタシはもちろん無事二年生に進級できたわけですが、それと同時に先生とのエッチのよさが忘れられず……いつかまたベテラン年配男性とデキることを密かに夢見てるというわけなんです。

■それまでバラバラだった四人の体は、淫らにうごめき合う二つの肉塊と化して……

ある日いきなり初めてのスワッピング快感に興奮大爆発

投稿者　岡林めぐみ（仮名）／26歳／パート主婦

「今日、友達夫婦を連れて帰るから、食事の用意とか頼むよ」

ある日の夕方、パート勤めを終えてスーパーで夕飯の買い物をしてたら、いきなりスマホに夫からそんな連絡が来たから、びっくりしちゃった。

うわー、間一髪セーフだわー。

連絡がもうちょっと遅くて、私がいつも通り、夫と私二人分の食材の買い物しかしてなかったら、けっこう難儀しちゃうとこだったわ。

それにしても仕事帰りに知り合いを、しかも友達夫婦なんてかつてないキャラを連れてくるなんて、珍しいこともあったもんね。

私はそんなことを思いながら、慌てて人数分の買い出しを済ませた後、家に帰ったわけです。

そして一通り夕食の準備が終わった午後七時半頃、夫がマンションに連れ帰ってきたのは、年の頃は私たちより一つ二つ上っぽい、なかなかの美男美女夫婦でした。しかも二人ともシュッと引き締まったナイス・プロポーションを誇り、どちらかというと冴えない外見の夫に反して、いったいどういう経緯の友達なんだか？　と思わず首をひねってしまう感じでした。

でも、そんなちょっと違和感めいた私の印象は、あながち的外れというわけでもなかったようで、四人で食卓に着いたはいいものの、特段会話も弾まず、当たり障りのない世間話めいた話題のみが交わされるだけで、そこにはなんとも不自然で他人行儀な空気が漂っていたんです。

この人たち、本当に夫の友達なの？

口には出さないものの、私の胸中はそんな猜疑心めいたものでいっぱいでした。

そうこうするうち食事が終わり、そのとき飲んでいたワインに変えて、改めてブランデーを酌み交わそうということになりました。

私はそれほど飲めないほうなので、あまり乗り気じゃありませんでしたが、空気を呼んで少しだけつきあうことにしました。

テーブル掛けだったダイニングルームから、カーペット式の床にそのまま座る格好でもうちょっとくだけた雰囲気のリビングへと場所を移し、私たちは四つのグラスにブランデーを注いで飲み始めました。

するとと案の定、ワインよりもぐっと高いアルコール度数に反応した私のカラダは、一瞬にしてポーッと熱く火照ってきちゃって……意識もトロンと重く怪しくなってきてしまう始末。

あーっ、ヤバイヤバイ、眠くなってきちゃったよ……このままじゃお客様に対して失礼なことに……と、必死で意識を立て直そうとしていた、そのときのことでした。

「奥さん、大丈夫ですか？」

すぐ耳元で囁くような甘い声が聞こえたかと思いきや、私のすぐ目の前に、ご主人の孝也さんの顔があったんです。そして、私が何か答えようとする前に、ネットリと唇を重ねてきて……！

「……んっ、んふぅ、うう……ぐぅっ……！」

私は必死に、手で彼の体を遠くへ押しのけようとするのだけど、アルコールに毒されたカラダにはまったく力が入らず、ますます彼のなすがまま。ついにはしっかりと両手で抱きしめられ、ジュルジュル、ヌチュヌチュと舌をからめ吸われてしまっていました。

そのとろけるような甘美な感覚に、どんどん呑み込まれていってしまうばかりの私でしたが、そこでハッと気を取り直しました。

あの人は、うちの夫は今いったいどうしてるの？　私がこんなことされてるの、知ってるの……⁉

そして慌ててキョロキョロと辺りを見回すと……あ～あ！

そこで私が見たのは、夫と向こうの奥さんの沙織さんが二人とも素っ裸になって、くんずほぐれつからみ合いながら、私たちの比じゃないほど激しく淫らに唇を吸い合い、舌をからめ合っている痴態だったんです。まだ若いのにもうブヨついた体形の夫とナイスバディの沙織さんの姿は、さしずめ美女と野獣といった趣で、そのアンバランスな取り合わせが、まるである種独特の歪んだエロチシズムを醸し出しているかのようでした。

ああ、いったい何でこんなことになっちゃってるの？

私は、いま自分が置かれている理不尽で理解不能な状況に混乱しながらも、今までに感じたことがないような刺激的な興奮に煽られ、際限なく性感が高まってくるのを抑えることができませんでした。

と、そこへ、

「ほらほら、ご主人、今度はうちの妻のアソコにむしゃぶりついて……あ、妻もあんなにおいしそうにご主人のチ○ポを舐め回して……いいなあ、シックスナイン。ねえ奥さん、僕らもやりましょうよ。向こうに負けないくらい、奥さんのオマ○コ、たっぷり舐め可愛がってあげますよ！」

なんて言って盛り上げながら、孝也さんが私のカラダを愛撫してくるものだから、もうたまりません！　向こうに負けじとそそくさと全裸になった私たちは、しばらくお互いの敏感な部分をまさぐり合い、いじり合った後、こちらもシックスナインの体勢になりました。そしてお互いに上になり、下になりしながら、私は彼のペニスを吸い、タマをしゃぶり、彼は私の突起をねぶり、肉びらを掻き回して……。

「んあっ、ああ……はぁっ……いいわっ、いいっ！」

「奥さん、感じるよ……うう、あぁ……」

さんざん淫らに感じ合い、昂り合った末、私たちはいよいよお互いの一番深いところを求め合うようになっていました。

「奥さん、もうそろそろ……入れてもいいかい？」

孝也さんが私にそう問い、私がその一瞬夫たちのほうを見ると、向こうもまさに合体せんとしているところでした。こっちだって負けてられません。

「ええ、いいわ、きてっ！　あなたのこの硬くて大きいの、私の柔らかいオマ○コの肉の奥深くまで突っ込んでぇっ！」

そして私と孝也さん、夫と沙織さんの二組が、足並みをそろえるように合体し、それまでバラバラだった四人の体は、淫らにうごめき合う二つの肉塊と化しました。

四つん這いになった沙織さんの背後から夫が覆いかぶさり、彼女の左右の腰をガッシリと摑みながらバックからズンズンと打ち込んでいきます。背中を反り返らせながら、彼女がケダモノのような嬌声を発しています。

「あぁっ、あぁ……あぁあぁぁぁ～～～～っ！」

「おおう、グイグイ締め付けてくる～～っ……くあぁ～～～っ！」

私も負けじと、仰向けに横たわった孝也さんの体をまたぎ、上からアソコでペニスを奥まで呑み込んで、腰を振り立てていきます。

「ああん、いいわぁ……孝也さんのチ○ポ、キモチいい～～～っ！」

「ああ、奥さんのマ○コもいい具合だ……チ○ポ、とろけちゃいそうだよぉ！」

そうやっておのおの求め合い、むさぼり合ううちに、皆の性感はからまり合い、高まり合って……ズブズブ、ヌブヌブ、ジュルジュル、グッチュグッチュ、ズチャズチャ……世にも淫らな性音が室内に響き渡り、濃密に満たしていって……！

「おうう……もうイキそうだ！　さ、沙織さん～～～～っ！」

「ああ、あん……あたしの中で思いっきり出してぇ～～～～っ！」

「う、ううっ……お、奥さん……もう、オレ……っ！」

「ああ、あ……孝也さん、私もイッちゃいそうよ～～～っ！」

一気に四人の嬌声が高まり合い、弾け合い……ほどなく全員、快楽のフィニッシュのときを迎えたのでした。

その後、詳しく多くを語ることなく、夫の『友達夫婦』という名目の二人は帰っていきました。夫もちゃんと説明してくれることはありませんでしたが、私が考えるに、彼らはおそらくお金で雇われたスワッピング（夫婦交歓）パートナーなのだと思います。最近倦怠期気味だった自分たち夫婦の刺激剤として頼んだんじゃないかな、と。

結果は大成功！

近いうちにまた、夫に頼んでセッティングしてもらおうと思っている私なんです。

■私はたまらず、課長のペニスをしゃぶりつつ、自らスカートの内側に手を突っ込み……

課長とのヤリ納め不倫セックスは会社のトイレで

投稿者 中野ミチル（仮名）／25歳／OL

S課長（三十三歳）と不倫の関係になって、もう二年ちょっとになる。

もちろん課長は妻子持ちだけど、私は別に課長に離婚してもらって、自分と結婚してほしいなんて思ってない。

とにかく私と課長はカラダの相性がよくて、そのサイコーに気持ちいいセックスを愉しめる関係さえ続けられれば、それで大マンゾクなの。

そんな感じで、だいたい月に二、三回ホテルへ行ってセックスするっていうペースをずっと続けてきたんだけど、ある日、そんな私たちの関係を揺るがす大激震が！

なんと丸二ヶ月間、課長が東南アジア支社のほうへ単身赴任することになっちゃって……しかもそれが急な話で、私がそれを知った翌日には向こうへ出発しなくちゃいけないっていう……ちょっとちょっと、勘弁してよ！　って感じ？

本当なら出発前に、限りなく丸二ヶ月分のセックスをヤリ溜めしておきたいところだけど、直前の準備もあって、せめて前日に一発だけでもヤリ納めを……なんていう余裕すらない有様で。

　そのことで私が課長にさんざん文句を言うと、彼は、

「よし、わかった！　今からやろう！」

　とか言い出して。えっ、今からって……どこで？　と私が訊くと、

「いいからついて来いよ、さあ行くぞ！」

　課長は私の手を引いて、ぐんぐん廊下を歩き出した。

　うちってそんなに大きな会社じゃないから、仮眠室とか宿直室とか、セックスできるような場所なんてないけど……課長、どうするつもり？

　と、怪訝に思う私が連れていかれたのは、なんと従業員用トイレだった。それももちろん広いわけもなく、辛うじて男女別にはなっているけど、二人が向かった男性用トイレは小便器二つと個室二つしかないという激小具合。

「え、ここで？　いくら何でも……」

　と私が躊躇すると、

「じゃあいいよ。丸二ヶ月間、おあずけな。オレの代わりだと思って、せいぜいバイブオナニーでガマンするんだな」

なんて、課長はイジワル言う始末。

そ、そんなのヤダ！

がぜん、課長の言葉に煽られるように欲情しちゃった私は、自分から課長の手を引くようにして個室の中へ入り、内鍵を掛けてた。

とはいえ、時刻はまだ定時の六時少し前で営業時間中。少なくともあと二時間くらいは社内にいくらかの社員がいるから、いつ誰がトイレに入ってくるかわからないという、なかなかスリリングな状況なわけで……正直、ちょっとビビってる私がいた。

でもそんな、欲望と不安の狭間で揺れる複雑な心境の私をあざ笑うかのように、課長は閉じた便座の蓋の上に私を座らせると、その前に仁王立ちしてズボンのチャックを下ろし、ペニスを突き出してきて。私はほとんど条件反射的にそれを咥えてた。少し残るオシッコの残滓を味わい、いつもの課長の匂いを吸い込みながら、亀頭をしゃぶり回し、肉竿を舐め啜る私の口淫はどんどん熱を帯びていった。

「はぁ、あ、んあっ……んじゅぶ、ぬぶ、じゅるる、ぴちゃぴちゃ、んぶっ……ああ、課長、んはっ……あん、課長……」

「はぁ、はぁ、はぁ……ああ、いいよ、ミチル……ううんくっ……」

私が繰り出す舌戯の快感に喘ぎながら、課長のペニスは見る見るたくましく、かつ淫らにいきり立っていく。竿の表面には太い血管がウネウネと脈打ち、亀頭は今にも破裂せんばかりにパンパンに張り詰め、その先端からは透明なカウパー汁が滲み出してきて……慣れ親しんだいつもの苦みある味わいが、なお一層、私の肉欲の炎を燃え上がらせてしまう。私はたまらず、課長のペニスをしゃぶりつつ、自らスカートの内側に手を突っ込むと、パンストをこじ開けて直接肉びらをいじくっちゃう。

「んはっ……はぁ、あぶぅ……んあっ……あはぁあん……」

そして、昂りの頂点を迎えようとしてる、まさにそのときのこと……トイレに誰かが入ってきて、小便器で用を足し始める気配が……！

その瞬間、さすがに息をひそめ、動きを止めて、生きた心地もしない私。

でも、課長ときたら、そこであえて身を屈めて私の前にしゃがみ込むと、なんと剥き出されたオマ○コを舐めてきて……！

え、ええっ⁉　そんなっ……！　今すぐそこに人がいるのにっ……！

ビビりおののく私におかまいなく、課長はニヤニヤしながら舐め続け……マ○コ汁で濡れ乱れた肉びらが、ヌチャ、グチュ、ピチャ、ニチュ……と、あられもない淫音を立ててる！　ええっ、やだっ！　こんなの聞こえちゃう！　私たちが会社のトイレなんかでろくでもないことしてるの、外の人にバレちゃうよおっ……！

ほんとは、向こうも小用を足す音とか立ててるから、それにかき消されちゃうぐらいの微々たる音なのかもしれないけど、私のドスケベな自意識は実際以上に過剰に反応しちゃって……驚いたことに、信じられないくらい興奮し、感じまくってしまった。

そして、もうたまらず大きな声が出そうになってしまったそのとき、外の誰かが手を洗って出ていく気配がした。

私はホッとしつつ、でも限界まで燃え上がり膨らんだ性感は、もうとどまるところを知らず、泣き喚かんばかりの勢いで課長に懇願してた。

「ああっ……入れて入れて！　課長のこの固くて大きなオチン〇ン、私のオマ〇コの奥の奥まで突っ込んでぇっ！　早くぅ！」

「よしよし、待て待て。今、いま望みどおりにしてやるからな」

課長は思惑どおりといったかんじのニヤケ顔でそう言うと、ズボンとパンツをくるぶしまで引き下げて勃起ペニスをさらけ出し、今度は自分が便座の蓋の上に腰を下ろした。そして、私にも同じように股間を剝き出しにするよう言い、私は課長と向き合い、対面坐位の格好でアソコをペニスの上に下ろしていった。

「……はぁっ、あ、ああん……んはぁっ！」

ペニスを膣奥で深く咥え込みながら私は激しく腰を振り、そんな私の服の前ボタンを外し、ブラを剝いでさらけ出された乳房を揉みくちゃに愛撫しながら、課長もズンズンと腰を突き上げてくる。

「あ、ああん……す、すごいぃ……おかしくなっちゃうぐらい感じちゃうのぉ……あ、あぁっ……んあぁっ……！」

「ああ、オレもいいよ、ミチル……チ○ポがとろけそうだっ……！」

「はぁん、あん、あふぅ……ひっ……ひあぁっ！」

「……んくっ……ううっ……オレ、もうイキそうだ……」

「ああん、課長！　アタシの中で思いっきり出してぇっ……あ、あぁぁっ！」

私たちはラストスパートとばかりに激しくカラダをぶつけ合った後、課長の大量の射精が私の胎内をたっぷりと満たしていった。

このヤリ納めセックス、思わぬスリリングな快感でそりゃもうよかったんだけど、おかげでそのあとの二ヶ月間、私は課長の帰国が待ち遠しすぎて、余計に大変だったんだから。

■小さく濡れた舌の感触が、信じられないほどもの凄い高速の動きでクリトリスを……

男と女と犬と…衝撃の三位一体アブノーマル快感！

投稿者 谷川由里亜（仮名）／33歳／主婦（別居中）

私いま、夫の度重なる女性問題に嫌気がさして別居中。夫婦のマンションをおん出て、両親が暮らす実家の世話になってます。夫に対してはもう何度も業を煮やして離婚届を突きつけてるんですが、責任が全面的に自分のほうにあるもんで慰謝料を払いたくないからなのか、それとも根底で私への愛があるからなのか……一向に判を押してくれず、何だか宙ぶらりんの状態なんです。

両親は、気にせずいつまで居てもいいんだよと、やさしく言ってくれてますが、それなりの蓄えはありそうなものの、所詮年金暮らしです。そうそういつまでも世話になっているのも心苦しく、さてどうしたものか……みたいな日々を送っているわけですが、そんな中での恰好の気晴らしが、愛犬ミルキーとの朝晩の散歩なんです。

ミルキーは今年七歳になるコーギーのメスですが、私が今回実家に戻ってきてからの三ヶ月間、暇なのもあって食事の世話から散歩まで付きっきりということもあって完全に私にベッタリ状態で、そんなデレデレ感がもうたまらなく可愛いんです。

そのミルキーとの毎晩七時頃の散歩に、いつしか散歩仲間ができました。マルコという名のオスのミニチュアダックス（五歳）を連れた、遠藤さんという四十歳ぐらいの男性です。去年奥さんと離婚し、一人暮らしのマンションに在宅で株のデイトレーダーをしているということでした。

彼とマルコと、ほぼ毎晩一時間弱の散歩タイムを過ごしているうちに、ミルキーとマルコのみならず、私と遠藤さんも日に日に仲良くなっていきました。現在独身の遠藤さんは高収入らしく、散歩用のウェアは見るからに高級っぽく生活にも気持ちにもゆとりがありそうだし、その上会話も気が利いてて楽しいし……私は一応結婚している身ではありましたが、別居中という気安さと、浮気三昧の夫に対する復讐心みたいのもあってか、そんな遠藤さんにかなり惹かれるものを感じていたんです。

そして、ある日のいつものお散歩時、遠藤さんがこう言って誘ってきました。

「ねえ、由里亜さん。もし今日よかったら、僕の家に遊びにきてみない？　いいワインが手に入ったんだけど……きみと二人で飲んでみたいな」

私は、待ってましたというかんじで、二つ返事でオッケーしました。でも、ここはあえてちょっともったいぶるかんじで、

「はい……でも親も心配しますので、三十分ほどでよければ」

「もちろんかまいません。由里亜さんが来てくれるだけで嬉しいですから」

ということで、その散歩の足で私たちは遠藤さんの自宅に向かいました。そこはまだ新しい立派なマンションの最上階の３ＤＫで、分譲ならかなり高そうです。

広いリビングの片隅で、ミルキーとマルコは仲良く並んで丸まり、私と遠藤さんはダイニングテーブルに着いて、そのいかにも高級そうな美味しいワインで乾杯しました。とはいえ、私、実はあまりお酒に強くないので、すぐにカラダが熱く上気し、頭がポーッとしてきました。でも気分は楽しく、さりげなく遠藤さんに手を握られても、いやがるどころか逆に気持ちが昂るようなかんじでした。

「ベッドに……行こうか」

遠藤さんがそう言って促してきても、私はすぐ素直に従い、彼に導かれるままに寝室へと向かいました。部屋の真ん中にセミダブルのベッドが置かれていて、遠藤さんは手際よく私の服を脱がせると、自らも裸になりました。

そしてベッドの上、全裸でからみ合った私たちはキスをして、お互いのカラダをまさぐり合い……ごくオーソドックスな相互愛撫を繰り広げていきました。

「ああ、遠藤さんのコレ、すごいんですね……もうこんなに大きくなって……」

「由里亜さんのオッパイも素晴らしいよ……柔らかくて弾力があって瑞々しい。ほらほら、乳首もこんなに尖っちゃって……感じてるんだね？」

「……んあぁ、あ、はぁぁ……」

遠藤さんの言うとおり、私はジワジワと感じていましたが、どういうわけか今一歩盛り上がりに欠けていたようで……それを見透かした遠藤さんが言いました。

「おやおや、こっちの濡れ具合は今イチだなあ。しょうがない、奥の手を出すか……おいで、マルコ！」

その思わぬ呼びかけに、私が「は？」と耳を疑う暇もなく、パタパタと走る音がしたかと思うと、ミニチュアダックスのマルコが、少し開いていたドアの隙間から寝室に飛び込んできました。そしてそれだけではなく、なんとベッドの上に飛び乗ってきたんです。一応、私のミルキーもつられて一緒に寝室に入ってきましたが、なすべなく壁際で固まってしまっている状態です。

ベッドに上がってきたマルコの毛ざわりが肌をなぶるのを感じながら、驚きのあまり言葉も出ない私に向かって遠藤さんが言いました。

「さあ由里亜さん、怖がらないで。僕が仕込んだマルコが、これからたっぷり、じっくり盛り上げてくれるからね」

「え、え、え？　も、盛り上げるって一体……⁉」

　わけがわからず動転する私でしたが、そのとき、ある異質な触感がイチバン敏感な部分に襲いかかってきました。

　いかにも小さく濡れた舌の感触が、信じられないほどもの凄い高速の動きでクリトリスを、ヴァギナをペロペロペロペロと舐めむさぼってきたんです。

　そう、それはまぎれもなくマルコの舌の仕業でした。

　本当にその動きは人間離れしていて（犬だから当たり前ですが……）、私は生まれて初めて体感する驚愕のエクスタシーに、ただただ溺れ翻弄され、あとからあとから愛液が噴き溢れてくるのを感じていました。

「……んあっ、あっ……はぁっ、んくっ……んあああぁぁぁっ……！」

　同時に遠藤さんが乳房を揉みしだき、チュウチュウと乳首を吸ってくるものだからたまりません！　ヒトと犬による快感コラボレーションの爆発に、さらに私は続けて二度もイッてしまったんです。

「わん、わん、わん、わん……！」

　私の異常を察知してミルキーが激しく吠えたてていますが、もう私も遠藤さんもマルコも止まりません。

私の昂りをしっかりと確認した遠藤さんは、今度はマルコに私の乳首舐めを担当させ、私はペロペロペロペロと上半身を見舞う高速カイカン攻撃に酔いしれながら、遠藤さんのたぎり立ったペニスに突き貫かれ、それこそメス犬のような喜悦の嬌声をほとばしらせたのでした。

「あっ、あひぃ、あんん……あう、うう、んくぅ……ひあ～～～～～～っ！」

「おおっ……いいよ、由里亜さん！　僕ももうイキそうだ……あうう！」

「わん、わん、わん、わん、わん、わん！」

男と女と犬とが三位一体となって……それはもう信じられないくらい衝撃的なカイカン体験でした。こんなすごいの味わっちゃうと、もうノーマルなセックスなんかじゃ満足できないかも……？

すっかり遠藤さん流のエッチのトリコになった私は、夫との離婚問題は先延ばしにして、もうちょっと実家に世話になるのもいいなあ、なんて思ってるんです。

■私は車の「バックオーライ」よろしく、ソロソロとお尻をペニスに近づけて……

入院患者の彼に夜這いした私はドスケベ淫乱ナース

投稿者 森美保（仮名）／27歳／看護師

もう、びっくりしちゃった！

だって、私が勤めてる病院に、カレシっていうか……セフレの倫太郎（三十歳）がいきなり入院してくるんだもの。

バイクで事故って右足大腿骨骨折、入院期間の見通しは二十日〜二十五日。

まあ、命に別状なくて不幸中の幸いだったけど、それより何より私が困るのは……倫太郎とエッチできないこと！

彼とはもともと出会い系アプリを通じて知り合い、初めて会ったその日にエッチしちゃったんだけど、彼ったらモノはいいいし、テクはいいし、その名前のとおりタフな絶倫だしで、もうサイコーによかったのね。ただ、彼は一応妻子持ちなので、そうそう頻繁には会えなくて……せいぜい月イチぐらいかな。私ってば、その月イチの彼とのエッチデーを、それはもういつも指折り数えて楽しみにしてたんだから。

なのに、ちょうどそのエッチデーのタイミングで、骨折で入院だとう？　んもう！　私のこのエロテンション上がりまくったカラダの昂りを、一体どうしてくれんのよおっ⁉　って感じだったのね。

でもまあ、そんなこと言ってもしょうがないわけで、私も彼の担当じゃないし、とにかく退院できるようになるまで、ひたすらガマンするしかないか……って、そう心に決めたわけ。

でもでもでもっ！

結局、入院してから、ものの三日も経たないうちに、そんな私のガマンも限界を迎えちゃって……消灯後の十一時頃、自分の休憩時間中に、こっそり倫太郎が入院してる個室に忍び込んじゃったの。

彼はもちろん、骨折した右足大腿骨をガッチガチのグルグルにギプスで補強、固定した、そう簡単には身動きできない状態でベッドの上に横たわって、早くもスヤスヤと寝息を立ててたわ。

私は靴を脱ぎ、ソロソロとベッドの上によじ登ると、右足を吊った状態の彼の股間に向けて近づいていって……短パン状の入院着のもっこりと膨らんだ前部分を、手のひらでナデナデ、スリスリ……すると、次第にソコはムクムクと膨らみ、固く立ち上がってきて。かなり窮屈そうになったところで、私は入院着の前ボタンを外してソレを外に解放してあげると、暗い部屋の中でさらに黒く力強い塊がニョッキリと鎌首をもたげてきた。

まだ入院してからこっち、身体の清拭をしてもらってないみたいで、ソレは汗と垢にまみれてムッとするような異臭を放ってたけど、それがまたたまらない！　私は今や七割がた勃起したソレの根元を掴むと、異臭にまみれながらも勝手知ったる大好きなテイストと舌触りを味わいながら、フェラしていったの。

オシッコと汗の交じった味のする尿道口を、舌先をすぼめてグリグリとえぐるように責め、大きく張り出したツルツルの亀頭のヘリ部分をニュルニュルと舐め味わいながら、ますます膨らみ張り詰めてきた亀頭全体をジュッポリと口内に咥え込んでしゃぶり回していって……すると、

「……んっ、んん……うっ……え？　ちょ、ちょっと美保！　な、何してんの⁉」

いよいよペニスが見事なまでにフル勃起してきたタイミングで、倫太郎が目を覚ましちゃった。まあ、いつかは起きてもらわないことにはお話にならないんだけど、正直、もうちょっと自分勝手にオチ〇ポなめなめ味わっていたかったかなあ。

「うふっ、倫太郎、オハヨ！　だって予定だと、ちょうど今日辺りが月イチのエッチ

の日だよね？　だからあ……シよっ！」

「……って、おまえ、オレ、足折れてんだぞ⁉　それにおまえ、看護師だろ？　こんな入院患者に負担かけるようなこと、よくできるなあ？」

本気であきれながら、彼はそう言ったけど、

「ええっ？　だってコレはそんなの気にしてないみたいだよ？　コワいくらいビンビンになって、早くアタシのオマ〇コに入りたいよ～って言ってるようにしか見えないんだけど～～～」

私はフル勃起ペニスをしごきたて、大きなタマ袋をペロペロと舐めしゃぶりあげながら、平然とそう返してた。

「……い、いや、まあその……だってしょうがないじゃん、オレだって溜まってるし、それに美保のテクにかかっちゃなあ……」

「……ふふ、でしょ？　だからヤッちゃおうよ！　折れた足に負担がかからないように、ちゃんと気をつけてあげるからさ」

とまあ、なんとなく双方エッチコンセンサスを得たということで、私はそそくさとナース服を脱ぎ始め、あっという間に全裸になった。そして、折れた右足は巧みによけて、彼に覆いかぶさり、剝き出しになった乳房をタプンと彼の口元に垂らすと、ム

ニュムニュと押し付けてった。彼もそれに応えてがぜん鼻息を荒くしながら、乳房をシャブシャブと舐め、乳首をニュパニュパ、チュウチュウと吸いしゃぶってくれて……私は自分のアソコがとんでもなく濡れ乱れていくのを感じてた。

「あ、ああっ……感じる……いいわぁ！　あぁん、倫太郎……！」

ちょうど私の股間の下になった彼のペニスも、一段と激しくいきり立って、もの凄い力でグイグイと押し上げてくるみたい。

「ああ、早く……オレも早く美保のマ〇コにチ〇ポ、入れたいよお……」

「ああ、そうね……あと十分くらいでここに当直の見回りが来ちゃうわ。その前にちゃっちゃと楽しまないとね」

私はそう言うと、ちょっと考えた挙句、これが一番無理なくヤれるだろうと判断し、倫太郎にくるりと後ろを見せる格好になった。そして車の「バックオーライ」よろしく、彼に軌道を修正してもらいながら、ソロソロとお尻をペニスに近づけていって……固く、大きく熱いたぎりが、淫らに沸き立ったアソコにヌルリと触れた瞬間、彼は私の腰の左右を摑んでグイと引き寄せ、私は私でお尻を彼のほうにズイッと突き付けるようにして……そして、ズブリ！

ついに私たちは肉のドッキングを成しえて、極力声は潜め、でもお互いに力強く肉の抜き差しに没頭して……ズップ、ヌップ、ジュブブ、グブッ、ズップ……そりゃもう狂ったようにまぐわい合ったわ。

「あぁぁ……いいわぁ……やっぱ、倫太郎のチ○ポ、サイコー……もっと……もっと奥まで深く突いてぇっ……」

「はぁ、はぁ、はぁ……美保のオマ○コも絶品だよぉ……くはぁ、マジ、チ○ポキモチいい～……あぁっ……」

そうやって五分間、ひたすらお互いの肉感を感じ、味わい合ったあと、ついにフィニッシュ！　私は二回も達し、倫太郎はドピュ、ドピュと、私のお尻の上に大量の熱い白濁液をぶちまけてた。

さすがに身体的制約があって、ちょっと窮屈なエッチだったけど、それがまた一味違った刺激になって……退院してからも、また同じようなプレイを愉しんでもいいかも……そう話し合った私と倫太郎だったの。

■Gカップの豊乳がプルルンとあらわになり、彼がその左右の膨らみをニュギュムと……

娘の婚約者に言い寄られ禁断の縁戚関係を結んでしまって

投稿者 三輪理香子（仮名）／42歳／生保レディー

十年前、当時中学二年生だったひとり娘・サクラを連れて離婚しました。原因は元夫の度重なる浮気癖とギャンブル依存です。当然、ダメ人間の元夫に慰謝料や養育費など望めるわけもなく、当時三十二歳のしがないパート主婦だった私は、母一人子一人生きていくために一から生保レディーの世界に飛び込み、遮二無二働いたおかげでなんとか暮らしも安定し、サクラを大学に行かせてやることもできました。なにしろ私、十八歳のときに親の反対を押し切ってデキちゃった駆け落ち婚した手前、離婚後親を頼ることもできず、それはそれは大変でした。

でもその甲斐あってサクラも大学卒業後、いい会社に就職し……二十四歳になった今年、なんと私に紹介したい男性がいるから家につれてきてもいいかと言ってきたんです。当然、真剣に結婚を考えている相手に違いありません。

あの泣き虫だったサクラがとうとう結婚……私はそれはもう深い感慨を抱きながら、

ある日曜日、その相手の彼・高柳健吾さん（仮名／二十七歳）を自宅マンションに出迎えたのでした。

娘より三才年上で同じ課の先輩、将来有望だという健吾さんは、今ふうのシュッとしたイケメンながら真面目で誠実そうな人柄が好印象で、私は少し話しただけですっかり気に入ってしまいました。

彼ならサクラを幸せにしてくれるに違いない。

そんな確信を抱きつつ、和気あいあいとお昼の食卓を囲みながら楽しく三人で話し、最初の顔合わせを無事すませたのでした。

そしてそれからは、とんとん拍子に話が進み、先方の親御さんとの顔合わせも順調に進み、晴れて両家が結婚に合意の上、挙式の日程も決まりました。

ああ、サクラ……とうとうよその家のお嫁さんになっちゃうのね……。

日に日にそんな喜びと寂しさが深まっていく中、あるオフの土曜日に自宅でのんびりしていると、玄関のチャイムが鳴って誰か訪問者が……？

健吾さんでした。しかもサクラはおらず、彼一人だけです。

あ、そういえば今日、サクラは女友達とディズニーランドに行っているのでした。

ということは思い出したものの、かと言ってなぜ健吾さんがここに一人で……？

私はちょっと怪訝に思いながらも、もちろん、彼を家に招き入れました。

「ええ、サクラのことは知ってます。思いっきり楽しんでこいよって伝えました」

健吾さんは手土産のケーキを私に手渡しながらそう言い、お茶を入れるのを手伝ってくれました。私は何気なく訊ねました。

「じゃあ、今日はどういったご用件で……？」

そう訊かれて、しばらく黙って砂糖を入れたコーヒーをスプーンで掻き混ぜていた健吾さんでしたが、ふとその手を止めて言いました。

「お義母さん、今日はあなたに逢いにきたんです。あなただけに」

「……え？」

一瞬、きょとんとしてしまった私でしたが、彼はそんな私の手首をグッと摑むと、さらに信じられないことを言ったのです。

「ほんとは僕、お義母さんのことが……好きだったんです」

そして私の手首を摑んだ手にグッと力を込めてきて。

「な、何へんなこと言ってるの、健吾さんったら？　ほらほら、冗談はやめてケーキいただきましょ？　コーヒーも冷めちゃうわよ」

私は動転しつつそう言い、彼の手を外そうとしました。

でも、外せません。

それどころか健吾さんは、今度は私の両肩を力強く摑んできて、ますます熱のこもった声でこう言ってきました。

「冗談なんかじゃないですよ。そりゃあ最初はサクラのことが好きだった。でも、最初の顔合わせで初めて会ったあの瞬間から、僕の心はあなたにくぎ付けになってしまったんだ……大好きです、お義母さんっ！」

そして私のカラダをグイッと自分のほうに引き寄せると、強引に唇にキスしてきました。むさぼるように吸いしゃぶり、舌と舌をからめてきます。

「……んんっ、うぅぐ……」

私は必死でもがき離れようとしましたが、彼の力は万力のようでビクともせず、ひたすらに私の唇を吸い、舌をからめながら唾液をジュルジュルと啜りあげてくるばかり。そうされるうちに私は意識が朦朧として、甘い蜜で満たされた海にズブズブと溺れ呑み込まれていくようでした。

「んぐふぅ……んんっ、ぐふ、くはぁぁっ……」

そんなふうにますます乱れとろけていく私の様子を窺いつつ、続いて健吾さんは私が着ていたラフな部屋着のトレーナーに手をかけると、ガバッとめくり上げてきて、ブラ姿が丸見えになってしまいました。

「……お、お義母さんっ……！」

それを目にしてますます興奮してしまったかのように、健吾さんは一声そう放つと、私のカラダを隣りの居間のほうに引きずっていきました。そしてカーペット敷きの床の上に押し倒すと、今度はブラをむしり取ってきました。

Gカップの豊乳がプルルンとあらわになり、彼がその左右の膨らみをニュギュムと両手で握り込むと、妖しいスライムのように柔らかく歪みひしゃげました。

「ああ、お義母さん！　素敵だ、素敵すぎる～～っ！」

彼は感極まったような声をあげながら、さらに激しく乳房を揉みしだき、一心不乱に乳首をチュウチュウ、シャブシャブと吸い立ててきました。

「ひあっ！　あ、ああん……あ、ああ～～～っ！」

そのまるで魂まで持っていかれそうな愛撫と吸引のカイカンの果てに、いよいよ長い間、私の中で眠っていた感覚が目を覚ましてしまったようでした。

それは、元夫の浮気癖の酷さゆえに自分の中に生み出された、セックス嫌悪症ともいえる症状……そう、男女の性交渉を憎み、性の快楽を否定する、私の中の悲しい悲しい封印。

それが今、なんと自分より十五も年下で、しかも愛する娘の婚約者でもある男性の手で解かれることになろうとは……？

「ああっ……ああん！　はあっ……」

タガが外れたような欲望の昂りに煽られるままに、私は健吾さんの下半身をまさぐり、ズボンの上からその熱く固い突っ張りを確認すると、ベルトを外して中身を引っ張り出しました。別れた元夫以来、実に十年ぶりに触れるそのたくましい肉の感触は、私の身中にますます激しい肉欲の業火を燃え立たせました。

「あ、ああ、お義母さん……！」

彼はカラダをずらし動かして下半身を私の顔のほうに持ってきて、私たちはシックスナインの体勢になりました。そして彼は私の下半身もペロリと剝くと、丸出しになったお互い同士、性器をむさぼり合いました。

チュパチュパ、ヌブ、ズルル、ジュルジュルジュル、ングング、ピチャピチャ……。

「あ、ああっ、はぁ……あぁ、ああん……！」

「はぁはぁはぁ……お義母さんっ、あ、あう……ううん……！」

もはや私のアソコは無数の泡を吹き出させながらドロドロにとろけ乱れ、健吾さんのアレも浮き出した太い血管が今にも破裂せんばかりの勢いで限界までパンパンに勃起して……もう、その欲望の行方は誰にも止められません。

最後、一気に着ていたものすべてを脱ぎ捨てた私と健吾さんは、素っ裸で抱き合い、一つになり……それぞれの自分自身を深く淫らに分け合いました。

「あ、ああん……はっ、はっ、はっ……ああ～～～～っ！」

「んはっ、あ、ああ……お義母さん、お義母さん……！」

「あああああ～～～～～～～～～っ！」

すべてが終わったとき、周囲の床のカーペットは、二人がまき散らした体液でドロドロのグチャグチャに汚れまみれていました。

今や、しっかりとお互いの愛の絆を確かめ合った私と健吾さんですが、イヤでも数週間後には義理の母と息子の関係になってしまうのです。

この関係、これから一体どうなってしまうのでしょうか？

第四章

秘めた悦びを暴かれて

■処女だというのに私の股間の茂みの奥は溢れ出した蜜液でとろけぬかるんで……

引きこもりの私を心から解放してくれた秘密の職場エッチ

投稿者 門倉みき（仮名）／25歳／パート

高校時代に受けたイジメが原因で、なんとか卒業はしたものの、それから七年もの間、実家で引きこもりになってしまった私でしたが、二十四歳になった去年、ようやくなんとか社会復帰することができました。と言っても、同じ町内にあるスーパーでとりあえずパート勤めを始めたというレベルですが……そこの店長が、私の父親の高校野球部時代の後輩ということで、そのコネでという感じです。

でも、勤め始めた当初はなかなか厳しいものがありました。

私以外の女性パートは、ほとんどが三十代以上の主婦だったので、自分たちよりもだいぶ若い私に対して、多少のやっかみもあったのでしょう。おまけに、どうやらコネ採用らしいという噂も洩れ伝わってしまったようで、皆の私に対する態度がかなり冷たくよそよそしくて……そう、ここでもまた、イジメのような状態に置かれてしまったんです。

昔の私だったらすぐにへこたれ、勤めを辞めてしまったかもしれません。でも、もう両親に迷惑はかけられない、絶対にここから人生を巻き返してやるんだという強い意志を胸に、私は頑張ろうと必死でした。皆からのどんな仕打ちにも耐え、ひたすら真面目に一生懸命、業務に取り組んだんです。

するとそんな私の頑張りを、副店長の白井さん（三十六歳）がちゃんと見ていてくれたんです。彼は、他のパートたちの手前、あまり表だっては言わないものの、さりげなく私に励ましの言葉をかけてくれるようになりました。

「門倉さんのこれまでの事情は聞いているよ。応援してるから、どうしてもつらいことがあったら僕に相談してくれ。何とかするから」

「頑張ってるね。その調子！　最近、いい表情してるよ」

そうやって日々元気づけられ、それが私自身の醸し出す雰囲気にもいい影響を与えてくれたのか、だんだん他のパートの皆の私に対する当たりも緩やかなものになっていきました。着実に認められ、働きやすい環境になっていったんです。

私は白井さんに心から感謝するとともに、いつしか彼に対して単なる好意以上の感情を抱くようになっていました。

白井さんのことが好き。

でももちろん、彼には奥さんも、二人の幼い息子さんもいて……決して私の勝手な想いを気安く伝えてはいけない相手でした。

しかも私は、長年の引きこもり生活が祟り、かつて一度も男性経験のない処女だったんです。二十五歳にもなって処女の女が、妻子持ちの男性を好きになるなんて……いい加減こじらせまくってますよね？

そうやって募る一方の白井さんへの想いを、どうにか心の奥底に押し隠しながら、私は日々をやり過ごしていたんです。

でも、そんなある日のことでした。

私がバックヤードで店頭補充用の商品チェック作業をしていると、ふと、背後に気配を感じて……ハッと振り向こうとしたのですが、そうする前に羽交い絞めのような格好で、後ろから誰かに抱きすくめられてしまったんです。

「えっ……ちょ、イヤッ……！」

「しぃっ！　静かに……僕だよ、門倉さん」

驚いて声をあげようとした私を制したのは、白井さんのいつもの聞き馴れたやさしいハスキーボイスでした。

「白井さん……？　ど、どうしてこんなことを……？」

私はそう言いながらも、破裂せんばかりに高鳴る心臓の鼓動を……恐怖というよりも期待に満ちたそれを、抑えることができませんでした。だってしょうがないでしょう？　密かに大好きな男性から、いきなりこんなサプライズ受けたら……。

案の定、続く彼の言葉は、そんな私の期待を裏切らないものでした。

「ああ、門倉さん、本当にきみの頑張りはすばらしいよ。ブラボーだ。もしよかったら、今日はそんなきみに僕なりのご褒美をあげたいと思うんだけど……どうかな？」

「え、ご褒美……？　お気持ちは嬉しいですけど、いったい何を下さるんですか？」

若干声を上ずらせながら私がそう問うと、彼は私の体を自分の正面に向けさせ、おもむろに唇にキスしてきました。中学の頃にちょっとだけ付き合った男の子との、小鳥のついばみのような可愛いもの以来、実に十年ぶり、人生で二度目のキスでした。

もちろんそれは一度目のときとは違い、舌をねっとりとからめられ、唾液をズルズルと啜り上げられる、思わず恍惚ととろけてしまいそうな、怖いくらいに甘美で濃厚なものでしたが。

「……あ、ああっ……は、あふぅ……」

双方の唇の間にツツーと透明な唾液の糸を引かせて口を離しながら、彼は、

「もしもらってくれるのなら、奥の休憩室に行かないか？　あそこなら今の時間帯、

邪魔者は来ない。どう？　二人きりで……？」

と言い、すでにもうパートの制服の上から私の胸をまさぐっています。

こんな状況で私に、彼のことを拒否るなんて選択肢があるでしょうか？

もう私の中から、倫理的抵抗感や良心の呵責みたいなものはきれいさっぱり消え去っていました。服の上からでも彼に触れられた乳房は激しく上気し、乳首は痛々しいまでに尖り、処女だというのに股間の茂みの奥は溢れ出した蜜液でとろけぬかるんでいます。

「……あ、ああ、白井さん……私も二人きりになりたい……」

「よしよし、じゃあ話は決まった。さあ行こう」

彼は、熱く火照りすぎたゆえに、もう半ば脱力してしまった私の体を抱きかかえ、引きずるようにして奥の休憩室へと向かい、中から施錠しました。そして私をソファチェアの上に横たえると、上から覆いかぶさってきて。

「ああ、門倉さん、本当はうちに入ってきた最初から、きみのことが好きだったんだ。店長から事情を聴いて驚いたよ。まさかこんな可愛い子がイジメを苦に長く引きこもってたなんて、って」

彼の言葉こそ驚きでした。最初から私のことを……？　じゃあ、ある意味、私のことを励ましてくれてたのも、実は下心があったから……？

一瞬、気持ちが引っかかった私でしたが、彼が次々に繰り出してくる愛撫にさらされているうちに、もうそんなのどうでもよくなっていきました。

「あ、ああん……あぁ、はぁっ……んあぁっ……」

今やすっかり剝き出しにされてしまった胸を彼が揉みしだき、乳首を指先で摘まみこね回しながら、チュパチュパと吸い、舌先で転がしてきて……一方の彼のほうもYシャツの前をはだけ、ズボンも下着も脱いで丸出しになった下半身の中心から勃起したペニスを隆々とそそり立たせて……。

「僕の……しゃぶってくれるかい？」

生まれて初めて、父親のモノ以外の男性器をナマで見た上に、さらに当然生まれて初めてのフェラチオを求められて、私は困惑しつつも、慣れないながら必死で取り組みました。大きくパンパンに張ったピンク色の先端を飴玉のようにしゃぶり、太い血管が浮き出た肉の幹を舐め上げ舐め下ろし、ぶら下がった陰嚢を手で揉み転がして……そうするうちに、彼が悦ぶポイントがだんだんわかってくると、より効率的かつ重点的に責め立てていきました。

「ううっ……キモチいいよ、門倉さんっ……だんだん上手くなってきた……ああっ！」

彼はそう言いながらヨガったあと、次に私のアソコも舐めようとしてきましたが、私はそれをさせませんでした。とにかく早く処女を失わせてほしかったから。

「あ、ああっ……白井さん、早く……早くきてっ！」

私は大きく股間を開くと、彼を促し、その熱くて太くて固い肉の幹を自分の中に迎え入れました。ズッ、ズブ、ヌブブ……グブッ！

「んあぁっ！　は、はぁうぅぅ～～～～っ！」

胎内を未体験の激痛が走り、その後しばらくして甘美な快楽の波が押し寄せてきました。私は彼の腰に両脚を回して締め上げるようにしながら、全身全霊で肉の抜き差しを味わい……やがて、彼の射精と同時に絶頂に達したのでした。

「ええっ、もしかして……初めてだったの？」

私のアソコから溢れ出した、赤白マーブル模様に血液が交じった自分の精液を見て彼はすごく驚いていましたが、私はなんだかすがすがしい気持ちでいっぱいでした。

「はい！　どうもありがとうございました。これでようやく私も晴れて社会復帰できたような気分です」

晴れやかな笑顔でそう応えていたんです。

■露出したオッパイやオマ○コに、たくさんのギャラリーの視線が突き刺さり……

初めてのアオカン&露出プレイのカイカンに悶絶昇天!

投稿者　松本朱里（仮名）／31歳／専業主婦

夫は誰もが知ってる某有名企業に勤める高給取りな上に、やさしくてとてもいい旦那様なんだけど、唯一の欠点がセックスが淡泊でつまらないこと。まだ三十歳ちょっとだっていうのに、夫婦の営みは判で押したように月に一回最終土曜日の夜にしかしようとしないし、それにしても大した前戯もなく、ただ合体して自分が果てたら、ハイそこで終了っていう、完全自己満足型。はっきり言って、私、夫とのセックスでちゃんと満足できたことって、これまで一度もないような気がする。まあ代わりにフェラチオなんかも強要したりしないけど、私としてはほんとは思いっきりしゃぶり倒したいっていう欲求なんかもあったりするんだけどね。

というわけで当然、私、セフレと不倫してます。

おもに出会い系サイトで相手を探し、夫と結婚してからの四年の間に五～六人の相手と関係を持ったんじゃないかしら。私は皆に、夫との間には望めない、刺激的なセックスを求めて……十分満足させてくれた人もいれば、ない人もいて。

今付き合ってるセフレは、私より二つ年下の音楽関係の人なんだけど、この間、彼の提案で生まれて初めてトライすることになったプレイは、想像以上に刺激的で、私、すっごい感じちゃった。

その日、夫は泊まりがけの出張で不在ということで、私はここぞとばかりに彼に連絡。「時間を気にせず、一晩楽しませて！」って言うと、

「了解！　じゃあ今晩、夜の十時、○×駅のロータリーで！」

って。ずいぶん合流時間が遅いなって思ったけど、まあ向こうも自由業みたいなものとはいえ、仕事の都合もあるだろうし、とこちらも了承。

約束の時間、所定の場所で彼の車で拾ってもらったわ。

でも、夜道を三十分ほどかけて車が向かった先は、彼の自宅マンションでもホテルでもなく、なんと、まあまあ広くはあるけど、それ以外は何の変哲もない公園で。

「……え、公園……？　ここで、どうするの？」

私がそう問うと、彼は答えて、

「ふふ、実はここね、この界隈じゃけっこう有名な、アオカン&ノゾキの人気スポットなんだ。ってことで、今日はそういうプレイを愉しんでみるのもいいかなって思っ

てさ。どう?」

アオカンとは野外セックス。そしてその様を見るために覗き愛好者の皆さんが集まってくるということで、そのどっちもが、これまでの私のエッチ人生において縁がなかったことなのね。

正直、私、セックスは好きだけど、それに反してまあまあ育ちはいいほう(笑)だったものだから、最初、彼の提案を聞いてちょっと引いちゃった。でも、

「まあまあ、試しに一回やってみようよ。新しい世界が開けるかもよ?」

という、彼のそれなりに強いオシに負けて、結局……。

広い園内、あちこちに茂みやベンチ、あずまやなんかがある中、明るすぎず暗すぎず、ほどよい照明が照らす下を彼と手に手をとって歩いていくと、彼が言ったとおり……そこかしこに男女のカップルが点在し、妖しくからみ合っていて。そしてその近くには、ほぼ必ず覗きを目的としたギャラリーが陣取ってる。

私は最初、誰かに見られながらエッチするなんて、恥ずかしいし、気が散って、満足にできないんじゃないかって思ってたんだけど、それが杞憂……どころか、とんだ大間違いだっていうことを、このあとイヤというほど痛感させられちゃうわけ。

「よし、あの辺りにしようか」

と言って彼が指し示したのは、大きな木の下に芝生が広がったスペースだったわ。そこへ用意周到に持参したレジャーシートを広げ敷くと、私たちはその上に靴を脱いで寝そべったわ。そしてそろそろ鳴き出した、涼やかな秋の虫たちの声をＢＧＭにお互いの服をまさぐり合い、脱がせ合っていって……全然寒くはなかった。っていうか、むしろ、カラダはどんどん熱く火照ってきちゃって！

というのも、あれよ、例の覗きのギャラリーたち！

ここに至るまで私が目にしてきたのは、アオカンするカップル一組に対して、せいぜい一人〜二人のギャラリーっていう構図だったけど、なんと私と彼がおっぱじめると、あっという間に六人〜七人は下らない覗き愛好者の方々が集まってきちゃったの！　これもやっぱり、私がナイスバディのイケてるセクシー人妻だから？（笑／でもほとんどマジで言ってます／笑々）

とにかく、そんな大人数の見ず知らずの人たちからエッチの痴態を見られるなんて、気が散って萎縮しちゃうんじゃ？　なんていう心配は本当に大間違いで、私、たくさんの突き刺すような視線にさらされて、どうしようもなく興奮してきちゃったのね。

「あ、ああ……んふぅ……はぁっ……」

「ふふふ、ほらほら、朱里さんのオッパイ、いつも以上にビンビンに乳首立ちまくっちゃって……下のほうだってもう信じられないくらいグチョグチョのヌレヌレだ！　ね、覗かれながらってサイコーだろ？」

彼にそう言われて、私、悔しいけど同意せざるを得なかったわ。

彼の手で服と下着を剝かれ、煌明るい照明に照らされながら露出したオッパイやオマ〇コに、たくさんのギャラリーの視線が突き刺さり、舐めるように這い回ってるのがヒシヒシと感じられ、ぶっちゃけいつもの何倍も感じ、興奮しまくってる私がいた。

「あ、あん、ああ……うっ……ひあん！」

「ってオイ、何もうイッちゃってるの？　まだチ〇ポの先っちょも入れてないよ？」

彼が驚いたとおり、私はまだ彼からたいした愛撫も受けてないし、いわんや挿入もされてないっていうのに、一回目の絶頂に達しちゃって……そんなの初めてのことだったわ。う～ん、露出&覗きプレイ、恐るべし！

「……あぁ……はぁん……ううぅぅ……」

「でも、たしかに朱里さんのアヘ顔もいつもにも増してドエロで……くう、俺のほうも怖いくらいビンビンになっちゃったよ！　よし、入れるよ！」

私に負けず劣らず興が乗ってきた彼はそう言いながら、超絶勃起した極太ペニスをさらけ出して、露わにヌレ乱れた私のオマ〇コに突き立ててきた。

その衝撃的な気持ちよさときたら……！

「あひっ！　ひぃっ……ひあっ、あっ、あん、あっ……いい、いいのぉ～～！」

私はますます強烈に覗きギャラリーたちの視線をカラダ中に感じながら、いつもとは比べものにならない刺激的カイカンに悶絶して……！

「ああ、イクイク！　もうダメ……イッちゃうの～～～っ！」

「くあぁっ……お、俺も……もう……イクッ……！」

彼の爆発するような射精をアソコで受け止めながら、私はもうこのまま死んじゃうんじゃないかと思うくらい凄まじいオーガズムに昇天して。

もうあまりに興奮しすぎて、いつもは必ず着けるコンドームを忘れちゃったけど……ま、いいか？

このアオカン＆露出プレイの快感に完全にハマっちゃった私なのでした。

■私は大きく足を振り上げると、思いっきり強く彼のペニスに向かって踏み下ろし……

たくましい男の本性が実は!?私の中の女王様が覚醒した日

投稿者 本村沙紀（仮名）／27歳／OL

私、前から社内で好きな人がいたんです。

営業部の山瀬さん。私より二つ年上の二十九歳。学生時代はずっとラグビーをやってたって話で、スーツが筋肉で今にもはち切れんばかりのたくましく大柄な肉体に、キリッと眉毛の太い濃い顔立ち。

ほんと、『男らしさ』が服着て歩いてるっていう感じの、私のチョー理想のタイプ。そんな素敵な彼が何で独身なんだろう？　て、私からしてみたらずっと不思議だったんですけど……そんな彼から、なんとある日突然、誘われたんです！

「本村さん……よかったら今日、二人で飲みに行きませんか？」

もちろん彼、今まで私に対して一度もそんな素振り見せたことなかったものだから、もうチョーびっくり、嬉しい驚き。ひょっとして、私がいつも密かに発してた『好きオーラ』が伝わっちゃったかな？

とにかく、私としてはそりゃもう即決オッケー！　ちょうど金曜日だったけど、仕事が終わった六時すぎ、彼と待ち合わせ、彼の馴染みだというイタリアンのお店へ。そこは意外なほどオシャレで今風なお店で、彼のことだからもっと渋い居酒屋とか焼き鳥屋とか、硬派なセレクトを想像してた私としては、ちょっとビックリの嬉しい誤算。おいしい料理とワインを楽しみながら話も盛り上がって……そのあともう一軒、渋いＢＡＲでのひと時を挟んだ後、十時近くになり、すでにごく自然に手をつないで歩く仲になっていた私たちは、ホテルへと向かっていました。

部屋をとり、先にシャワーを浴びた私は、素肌にバスローブのみまとった姿でベッドの中。続いてバスルームに入った彼のことを待ちながら、ただでさえ大きな胸を、期待でさらにもっと膨らませていました。

あの筋骨隆々のたくましい肉体です。アレもさぞ大きいことでしょう。私のカラダが壊れちゃいそうなほど、何度も何度も、有無を言わせず奥まで貫き突きまくって、「もうダメ、勘弁してぇ！」と私が泣いて訴えても、「まだまだこれからだ！　何発でもブチ込んで、孕ませてやるぞ！」なんて言って、ワイルドに犯しまくってくれるはず……あ～ん、ヤバイ！　もう濡れてきちゃったぁ！

みたいな。

と、そこへいよいよ、シャワーを浴び終わった彼が戻ってきました。そしてすでに照明を暗めに落とした中、ベッドの上の私を見下ろしながらバスローブを脱ぎ始めて。ああ、いよいよ彼のたくましい男の肉体をナマで見られる！　目をらんらんと輝かせながら上目づかいに見ていた私でしたが、ふと違和感を覚えていました。

あれ？　何かおかしい……何かが足りないような気が……？

そして私は、その違和感の正体に気づきました。

なんと彼、腋毛も股間の陰毛も一本もなくて……ぜんぶツルリときれいに剃り上げられていたんです！

ええっ⁉　これどーゆーこと？　な、なんで……ツルツル丸出し？

てっきり、さぞやボウボウでワイルドな剛毛で胸もアソコも覆われ、オスのフェロモンを発散しまくってるものとばかり想像していた私としては、あまりのショックに声も出ません。

すると彼、思わぬことを言いだしたんです。

「本村さん……いや、ご主人様……私にたっぷりのお仕置きをくれてやってください！　そのために醜い体毛は剃り落としてきました！」

「ご主人様ぁ？　お仕置きぃ？　や、山瀬さん、一体何言って……⁉」

あまりの衝撃に動転し、金魚のように開いた口がふさがらない私。

そう、実は彼、見てくれの男らしさとは裏腹に、とんでもないドMの変態男だったんです。そんな彼が言うには、もうずっと職場で私のことを見て、話し接しているうちに、ノーマルな人間には決して わからない、ドMの奴隷体質人間だからこそわかる嗅覚で、私の秘められたドS女王様体質を見抜いたと。そしてここ半年、私にいじめられたい、お仕置きされたいと熱望し、悶々としていたのだけど、とうとう辛抱たまらず誘ってしまったのだと。

わ、私がドS女王様体質ぅ⁉

人生二十七年、初めて知る衝撃でした。

思わずダッシュでその場から逃げ去ろうかと思いましたが、まるで仔犬のようなピュアさで訴えかけてくる彼の瞳に見つめられているうちに、何だかかわいそうな気持ちと同時に、えも言われぬ衝動がムクムクと湧き上がってきて……それは、これまで感じたことのない『嗜虐心』でした。

このたくましくも、世にもなさけない男をいじめてやりたい……。

確かに彼が言ったとおり、ドS女王様体質を見抜かれると同時に、生まれて初めてその逆であり対の存在ともいえるドM奴隷体質人間に触発されて、これまで眠っていた本性が目覚めてしまったのかもしれません。

「ど、どうすればいいんですか……いや、どうすればいいんだい？」

私は彼に問うていました。ひと口にお仕置きといっても、いきなりでは具体的にどうすればいいのかわかりません。

すると彼は言いました。

「もう一度靴を履いて、私のことを踏んづけてください！」

そしてなんと、そう私に乞いながら早くも興奮して、陰毛のない股間から巨大なアレをギンギンに勃起させているではないですか！

その瞬間、私の中で『ドSやる気スイッチ（笑）』が入りました。

私はベッドの上でバッと立ち上がると、着ていたバスローブを脱ぎ捨てて全裸になり、それなりにヒールのある靴を両足に履いて彼に言いました。

「ほら、そこに横になりな！　その無様に勃起したチ〇ポ、踏みつけてやるよ！」

「……は、はいっ……ありがとうございます、ご主人様っ！」

彼は満面の笑みを浮かべてベッドに上がると、私の前に横たわり、キラキラと期待と興奮に満ちた目で私のことを見上げてきました。

私は大きく足を振り上げると、思いっきり強く彼のペニスに向かって踏み下ろしました。ソレを踏みつけた瞬間、グニャッと何ともいえない感触が……！

「……ひ、ひぎゃあぁぁ～～～っ！　う、うぐぅ……あぁっ……サ、サイコーです、ご主人様ぁ！　ああ、もっと、もっともっと強くぅ……！」

彼は苦痛と喜悦がないまぜになった、何とも言えず歪んだ悲鳴を上げながら、尚も私にもっときつい責めを望んできました。

「ほらほら、こうか!?　タマも踏みつぶしてやろうか？　ほらほら！」

私の興奮テンションもますます高まり、さらに力を入れて彼のペニスとタマを踏みにじってやりました。その肉塊の表面には血が滲み出しています。

「んあっ、ああ、ご主人様ぁ……ああっ！」

「ほらほら、自分だけヨガってるんじゃないよ！　私にも奉仕しなっ！」

私は彼の股間を踏みつけながら上体を起こさせ、自分のアソコを舐めることを強要しました。彼は喜んで従いました。

「ああ……はぁはぁ、ご主人様ぁ……ジュルジュル、ピチャピチャ、ジュブ……」

「んんっ……はぁっ！　もっと舌を使って……そう、そうだ……あひっ！」

すばらしくたくましい男が股間を踏みつけられてヨガリ悶えながら、私のアソコを必死で舐めしゃぶってる。その倒錯した状況の中で、私は立ったまま二度、三度とイッてしまっていました。

そしてさらに興に乗った私はあることを思いつき、実行しました。

血まみれになりながらも依然として強烈に勃起しているカレのペニスに、持参してきたコンドームを装着すると、さらにその太い根元をハンカチできつく縛り上げました。こうしてそう簡単に射精することができなくなった彼のペニスの上からアソコに呑み込んでいき、騎乗位で腰を振り始めたんです。

「ああっ、ああ！　す、すごい……太いぃっ！」

「うぐぅ……あっ、はぁっ……あぁ……ひぃ……」

そしてほぼ一時間近くに渡って私は一方的に挿入を楽しみ、感じ、とことんイキまくって……でも一方で彼は、何度イキたくなってもイケないという、生き地獄……いや、ドMの彼としてはこれ以上ない天国だったのかな？

最後はちゃんと射精させてあげて、彼は被虐の快感の果てに大満足！

私はといえば、もう完全にドS女王様の悦びに覚醒しちゃって、この日以来、二人のチョー充実した交際が続いているっていう次第です。

■僕の体を突き放すや否や、前屈みになった彼女が僕の股間にむしゃぶりついて……

純情シャイな彼女との初めての夜は驚きの興奮に満ちて

投稿者 篠田斗真（仮名）／24歳／デザイナー

僕は小さなデザイン事務所に勤め、本の装丁を中心に仕事をしている駆け出しのブック・デザイナーです。勤めの合間を縫って、わりと近所にある大きな書店に足を運び、勉強のために売り場の本を見て回ってるのですが、そこの女性書店員さんに恋をしてしまいました。

胸の名札を見て知ったその名前は、あかりさん。年の頃はおそらく僕より少し上と思われる二十六〜二十七歳ぐらい。身長は僕より頭一つ分くらい小さい一六〇センチ弱ほどで、ほっそりとしたスタイルに艶やかな長い黒髪とメガネが似合う、いかにも文系美少女といった趣。もう何度もレジ等で接客してもらっていますが、いつもはにかんだような控えめな態度がまた何とも可愛くて……。でもいつしか、そんな中にも、「ひょっとして彼女、僕に好感を持ってくれているんじゃないの？」と思わせられるような波長みたいなものを感じるようになって……。

とうとう、思いきって告白してみることにしたんです。

でも、僕の印象通りだったらいいけど、もし単なる思い込みで、本当は僕のことなんか何とも思ってなかったら……いやむしろ嫌われていたりでもしたら、いかにもウブで純情そうな彼女のことだから、告白を拒絶されると同時に、もう二度と口をきいてくれなくなるかも……？　そんな危惧と恐怖、ためらいが無くはなかったですが、そこは一世一代の勇気を出して……！

結果は大成功！　彼女は僕の告白を受け入れ、交際してくれることになったのです。いやー、嬉しかったなあ！

その先に、まさかあんな衝撃が待っているとは夢にも思わずに、僕は心浮き立たせ、二人の薔薇色の日々に想いを馳せていたんです。

そして何度かデートを重ね、相変わらず彼女はシャイではにかみ屋さんだったけど、お互いの心の距離感が狭まってきたと考えた僕は、いよいよ男女の一線を越えるべく決心して、ある日、こう告げたんです。

「あかりさん……今晩、僕の部屋に泊まりに来ない？」

でもすぐには彼女は反応しませんでした。顔をうつむけたまま、なかなか僕の顔を見ようとはしてくれなくて……僕は急かすことなくじっと待ちました。そしてたっぷり二分は時間が過ぎたあと、とうとう彼女は承諾の返事をくれたのです。

僕はそれまでグッと込めていた全身の力が抜けて、思わず彼女の手を握りました。

でも同時に、喜びと同じくらい大きな不安が押し寄せてきました。

実はそのとき、僕はまだ一度も女性経験のない童貞だったんです。

彼女、あかりさんのほうもあの様子だと、まさか処女なんてことはないと思うけど、絶対にそれほどの経験はないはず……そんな想定のもと、僕は一応、男として彼女をリードしてあげるべく、事前に『HOW TO SEX』（笑）的な知識と心構えを頭に叩き込んできてはいましたが、所詮は机上の空論（?）、実戦経験がないゆえの不安とプレッシャーは、心中で大きくなっていくばかりだったんです。

しかし、夜十時すぎ……否応なくそのときは来てしまいました。

待望であると同時に恐怖。

自宅ワンルームマンションのベッドの上、彼女の希望で先にシャワーを浴びた僕は、枕の下にコンドームがあることを確認しつつ、今日この日のために叩き込んできた手順と気の利いた（笑）セリフを頭の中で繰り返し反芻していました。

そしてバスルームの戸が開き、まだ幾分濡れたカラダをバスタオルで包んだ彼女が、僕のほうに歩いてきました。部屋の明かりはつけていませんでしたが、窓から差し込む向かいの飲食店の看板の光に照らされ、十分その姿は窺えました。

「あかりさん……」

僕はそう呼びかけながら、彼女の手をとりベッドに迎え入れました。そのときバスタオルがカーペット敷きの床の上に落ち、その白く美しい裸体が露わになりました。

あかりさんは、職場ではそのボックスタイプでかさばり感のある制服のために、カラダの線がほとんど出ずわかりませんでしたが、デートで私服の姿を見ているうちに気づいた通り、実は隠れ巨乳でした。

奥ゆかしい美少女顔に、九十センチ近くある巨乳。

仕事柄お祭しのとおり、オタク気質の僕としてはまさに理想の女性です。

艶めかしく輝く白い肌に揺れる美しく豊満な肉房と、思いのほか大きな薄桃色の乳輪とツンと尖った乳首……たまらず僕は、痛いくらいに勃起していました。

でもここで、欲望に任せて襲いかかるわけにはいきません。ウブでシャイな彼女を尊重し、ゆっくりゆっくり、大事に手順を踏んでいかなくちゃ……。

僕はギンギンにたぎる己を必死で抑え込みながら、彼女の唇にやさしくキスしました。そして小鳥のように軽いタッチでついばみながら、その手のひらに余る大きさの乳房をやさしくゆっくりと揉み込んでいって……彼女、感じてくれてるかな？　そろそろ乳首を舐めてもいいかな？　ちゃんと濡れてくれているかな？

僕は、そんなあれこれにいちいち気を配りながら、極力ゆっくり、慎重な進行を心がけていったんです。

が、そのときそれは起こりました。

「ああっ……カ、カラダが熱くてっ……もうガマンできないっ！」

いきなり切羽詰まったようにそう叫ぶと、一旦僕の体を突き放すや否や、前屈みになった彼女が僕の股間にむしゃぶりついてきたんです。

太い血管が浮き出したサオの根元をしっかりと握り、パンパンに充血した亀頭を唇でニュルリと咥え込むと、すごい勢いでフェラチオしてきて……彼女のなめらかな舌で亀頭の縁をねぶり回されながら、ドクドクと脈打つ血管を舐め吸われた僕は、その意表をつく気持ちよさのあまり、思わず達しそうになってしまいました。

「あっ、ああっ……ちょ、ちょっと待って、あかりさん！　これでイッちゃうのはいやだ！　初めては、あなたの中でイキたいんだ！」

寸でのところでそう言って彼女の攻勢を押しとどめると、彼女のほうもその瞬間我に返ったようで、

「あ、ご、ごめんなさい……私、あまりにも興奮しちゃって……こんなことって初め

てよ。早くあなたとシたくてたまらなくなっちゃって……」

聞くと、彼女はこれまで付き合った数人のカレシとのエッチの印象が悪すぎて、すっかり男嫌いになってしまったのだと言います。

「それが……あなたとお店で話して、お付き合いしているうちに、どんどん好きになっちゃって。いつの間にかもう早くエッチしたくてたまらなくなってたの」

そう言うあかりさんは、とても可愛くて、そしてたまらなくエロくて。

「ありがとう、あかりさん」

僕は言うと、改めて彼女のカラダを抱きしめ、その豊満な胸を揉みしだき、舐め味わい……「んあぁ、ああっ……ああ！」

本当に気持ちよさそうに悶え喘ぐ彼女の様を見ているうちに、ますますアレは固くいきり立ってきました。彼女はそれを摑んで、今度は激しくしごき上げてきて。

「ああっ……はぁ、あ、ああ……」

僕の先端は先走り液でヌラヌラと濡れ、それが怖いくらいの怒張を妖しくぬめり光らせていました。

「あ、あぁん……もうダメ！　早く入れてっ！　私のここ、この硬くて太いオチン○ンで、突いて突いて、突きまくってぇっ！」

とうとう破裂するように噴き出した彼女の懇願の叫びに従って、僕は慌ててコンドームを装着すると、まるでそこにもう一つ心臓があるかのように激しく脈動する肉棒を、柔らかく濡れ乱れた湿地帯に突き入れていました。

「あ、ああっ！　いい、いいのぉ……気持ちいいっ……んあっ！」

「はあっ……ぼ、僕もっ……熱くてとろけそうで……たまらないっ！」

がぜん僕の抜き差しが速く深くなり、彼女の奥の奥まで貫いて……そしてとうとう、フィニッシュのときが……！

「あ、ああっ……あかりさん、僕もう、出る……っ！」

「あ、ああっ……きてきてっ！　あ、ああ、あああ〜〜〜〜〜っ！」

彼女の胎内で極限まで膨張した僕のソレはコンドームの中に思いっきり精を放ち、彼女も満足のいく絶頂を迎えてくれたのでした。

その後交際は順調に進み、僕たち、来年早々結婚する予定です。

■全長二十センチ、直径五センチはありそうな勃起ペニスが、鎌首をもたげて……

公衆トイレで私を襲ったホームレスの超絶巨根！

投稿者　新川ひなの（仮名）／30歳／パート主婦

その日はパートも休みで、私は住んでいる団地の敷地内にある公園で、午後から仲のいいママ友たちと集まり、子供たちを遊ばせながら井戸端会議に楽しく花を咲かせていました。

ところがそのうち、なんだかお腹の具合がおかしくなってきてしまいました。今朝、大丈夫かなと思って食べた、前日の晩ごはんのおかずの残りが傷んでいたのでしょうか？　そんなことを思っているうちにたちまち痛みがきつくなり、強烈な便意を催してきてしまって……私は脂汗を流しながら、ママ友たちに言っていました。

「ごめん、ちょっとトイレがヤバイみたい……急いで行ってくるから、美鈴（私の三歳になる娘の名前です）のこと、見ててもらっていい？」

「えっ、マジ？　わかった、行っといでよ。美鈴ちゃんは大丈夫だから」

心配そうに応えてくれた彼女たちの言葉に甘えて、私は急いで公園の隅にある公衆トイレへと小走りで向かいました。あまりキレイとは言えないトイレでしたが、今この状況で贅沢は言ってられません。団地の七階にある私の家までなんて、とても持ちそうもなかったんです。

周囲をちょっとした茂みに囲まれた小さなトイレの建物に着くと、私は一つだけある個室のドアを開け、中に飛び込みました。そして慌ててジーンズと下着をくるぶしのところまで引き下ろすと、便座に腰かけて……とてもここでは書けない勢いで、どうにかほとばしる排泄を間に合わせることができました。

でも、まだお腹はキュルキュルと鳴っていて、安心はできません。私は一旦水を流したあとも、もうしばらく排泄姿勢のままじっと座って様子を窺い、どうにか落ち着いたことを確認すると、ポシェットからティッシュを取り出してアソコとお尻をキレイに拭き、ようやく人心地つくことができました。

そしてもう一度便器の水を流し、下着とジーンズを引き上げるべく便座から立ち上がろうとした、そのときでした。

いきなりドアが開き、いかにもホームレス然としたボロボロのいで立ちをした男が狭い個室内に乱入してきたんです。そして私が一瞬呆然としたその隙をつくように、薄汚れたタオルのようなものを口に突っ込んできて……私は大声をあげることを封じられてしまいました。

　そして、そういえばここに駆け込んだとき、あまりにも切羽詰まってて、鍵をかけるのを忘れちゃったかも……と、目の前で濁った瞳をらんらんと輝かせ、私のことを抱きすくめてくる、悪臭を放つ男を見つめながら、今となっては遅すぎる後悔のどん底に叩き落とされていたのでした。

　男は栄養状態もよくないようでガリガリでしたが、身長は一八〇以上はありそうな大柄な体格で思いのほか力が強く、とても私の力で抗える相手じゃありませんでした。

歯が何本も抜けたままの口を大きく開け、いやらしく歪ませながら、

「ああっ……オンナなんて久しぶりだ……もう何年抱いてないだろうなあ？　茂みで寝てたときに、あんたがトイレに飛び込んできたときは驚いたけど、まさかと思ってドアノブを回してみたら……開いちゃうなんて！　これって恵まれないオレに神様がくれた思し召し？　って思っちゃったよ」

　とか言うと、男は長袖Tシャツ一枚の上からブラごと鷲摑んで私の胸を揉みくちゃにもてあそび、結局まだ剝き出しになったままの尻肉をムニュムニュと揉みしだいてきました。アソコの茂みには、まだ着衣のままの男の股間が押しつけられてきましたが、ソレはびっくりするくらい大きく硬く、私は恐怖とともに、ある種の感動すら覚

えてしまっていたくらいです。ダンナも含めて、私がこれまで関係を持ってきた男の中で、こんなすごい持ちモノの相手なんて一人もいなかった！　……って。

「あぁっ、たまんねぇ……あんた、いいカラダしてるなあ！　はぁはぁはぁ……なあ、ナマ乳しゃぶらせてくれよお……」

男はそう言いながら、長袖Tシャツの前を胸上までめくり上げると、ブラを強引に剝ぎ取り、私の乳房にむしゃぶりついてきました。異様に長い舌が私の丸く白い肉房をグニャグニャと押し歪ませながら這い回り、少し濃いめの色の乳首にヌメヌメとからみついて吸い上げてきます。男の唾液の悪臭がむわっと私の鼻先を襲い、思わずウゲッとなってしまいましたが、それにも増して押し寄せてくる野蛮なカイカンに、思わずカラダが反応してしまいます。

「……んんっ、んふぅ……ぐっ、んぐふ、うふぅ……」

「おお、けっこう甘い声で啼くじゃねえか。あんたもけっこう感じてるんだな？　よしよし、いいぞ！」

男は嬉しそうにそう言うと、胸を舐め続けながら、指先で私のアソコをいじくり回してきました。一本、二本、三本と増えた指が、アソコの中をクチュクチュ、ニチュニチュと搔き回し、抜き差ししてきて……その音がだんだん激しく、ジュブジュブ、ヌチョヌチョといやらしく濡れてくるのがわかりました。

「すげえ、すげえ！　あっという間にヌレヌレのドロドロだあ！　ああ、ちくしょう……オレももう痛いくらいに突っ張ってきちまったよ！」

男はいよいよ感極まったように言うと、おもむろにボロボロのズボンを下げ、自分の股間をさらけ出してきました。下着を着けていなかったので、私の目に瞬時に飛び込んできたソレは、さっき着衣の状態で感じ取ったとおり、今までみたことがないような大きさと迫力で……全長二十センチ、直径五センチはありそうな勃起ペニスが、先端を透明な液体でテラテラと濡らしながら、鎌首をもたげた大蛇のように私をにらみ据えてきます。

そして男はソレを私の濡れそぼった茂みにジョリジョリ、ヌジュヌジュとなすり付けてきて……思わず腰が砕けてしまいそうな刺激が私の性感を揺るがし、私は一気に昂ってしまいました。

「ううん、うっ、ぐう……んぐふ、うく、んふぅ……」

「なになに？　もう早くこの極太チ○ポを濡れ濡れマ○コに突っ込んでほしいってか？　いいぜぇ……気持ちよすぎて気絶しても知らねえからな？」

実際、喜悦の呻きをあげていた私の欲望に応え、男は勃起ペニスを握ってその先端をアソコの入り口にあてがうと、肉びらをめくり上げるようにニチュチュ……と、ゆっくり、そして深々と突き入れてきました。その硬く大きな肉感が、一体どこまで行くんだろうと思ってしまうほど、私の胎内の奥深くまで掘り進んできて……私は未だかつて感じたことのない、そのディープすぎる快感の衝撃に蹂躙されていました。

「んぐっ、んん、うぐ、ぐふぅ、うう、ふぅっ、うぐぐぅ……！」

「あーっ、マ○コ、サイコーッ！　はあ、はあ、はあ……ああ、だめだ！　久しぶりすぎて……気持ちよすぎて……も、もう出ちまうよおっ！」

男がそう叫び、私の胎内で一気に限界まで肉棒が膨張した、と感じ取ったその瞬間、私は自分もイキ果てながら腰を引いてペニスを抜くという離れ業を実行していました。

射精されたもの凄い量のザーメンが私の下腹部をべっとりと汚し、私はそのままストンと便座に腰を下ろしました。

男は満足そうな顔でズボンを上げると、そそくさと外に出ていき、私も身繕いし、何食わぬ顔でママ友と子供たちが待つ場へと戻ったのでした。

■二人束になって注ぎ込まれる快感は信じられないほど甘美な高みへと昇っていって……

女三人の温泉旅行は周到にたくらまれた淫欲の罠だった！

投稿者　久住千里（仮名）／26歳／デパート勤務

それは、私のこれまでの人生を大きく変えてしまった一日だった。

デパートの紳士雑貨売り場を担当する私には、春奈（二十五歳）という仲のいい同僚がいて、休日などのプライベートでもよく一緒に買い物や食事なんかに行っていたのだけど、ある日、一泊で温泉に行かないかと誘ってきたのだ。それまで、二人で泊まりがけでどこかに行ったことのない私たちだったけど、まあ一回それもいいかなと思ったものの、驚いたことに、なぜか婦人靴売り場の沙也加（二十七歳）も一緒の三人で行こうと言う。

「え、なんで？　私、彼女のことよく知らないんだけど？」

「うん、そうなんだけどさ、私のほうが最近けっこう彼女と仲良くなって、一緒に行きたいなあと思って……だめ？」

正直、ちょっと暗めの彼女のことが苦手だったけど、春奈がそこまで言うのならしょうがない。私はオッケーしてあげることにした。

「よかった、ありがと！」

そのとき、春奈の喜び方に少しだけ、何か引っかかるものを感じたのだけど、あまり気にしないようにした。

そして、それから約一ヶ月後の三連休の一部を利用して、私たち三人は一泊二日で比較的近場の温泉ホテルへと出かけていった。その行きの電車の車中でも、やっぱり沙也加はあんまりしゃべらなくて、何だかなあ……ってかんじ。

お昼過ぎに目的地に着いた私たちは、地元の美味しいお魚ランチに舌鼓を打ち、目ぼしい観光スポットを回ってそれなりに楽しんだあと、早目の夕方に予約していた温泉ホテルにチェックイン。とりあえず温泉に浸かり、そのあと六時から大食堂でバイキング形式の夕食を美味しくお腹いっぱいいただき、自室で一服後、二度目の温泉に浸かりにいった。そして三人浴衣姿で、すっかりホッコリ気持ちよくなって部屋に戻ってきたのが夜の十時すぎ。もう畳敷きの十畳の和室には、三人分の布団が敷き詰められていた。

すると、

「寝る前に、ちょっと飲み直そうよ！」

と春奈が言いだし、沙也加もまんざらでもないかんじ。私はあんまり飲めないほうだし、さっき夕食のときに乾杯でちょっとだけ飲んだビールで、正直もう十分っていうかんじだったんだけど、まあ二人のテンションに水をさすのもどうかなと思って、

「じゃあ、あたしもちょっとだけなら……」

と、つきあってあげることにした。

それからロビーの自販機でやたら高い缶ビールを何本か買い込んでくると、敷き詰めた布団の上で車座になっての酒盛が始まって……春奈が強いのは前から知ってたけど、沙也加も平気な顔してグイグイ飲むもんだから、ちょっとびっくり。私も二人に引きずられるかんじで、よせばいいのに自分の許容量を超えて飲んじゃったものだから、なんだかすぐに酔っぱらって、頭は朦朧、体も重だる～くなってきて……、

「う～ん、あたしもうダメ……しんどいよ～……」

っていうなり、すぐ隣りの春奈のほうにしなだれかかっちゃった。

すると春奈ったら、迷惑そうな顔して突き放してくるかと思いきや、逆に顔をグイと私の鼻先まで近づけてきて……、

「うふふ、千里ったら……かわいい」

なんて言って、いきなり唇を私の口に重ねてきたの！　しかもそれだけじゃなく、

浴衣の袂から手を滑り込ませて、湯上がりで当然ノーブラ状態の私の胸を撫で回してきて……！　な、な、何してんの、春奈〜〜〜!?

さすがの私もちょっと酔いが醒めて、体をもがかせて抵抗したんだけど、そのときすかさず、今度は沙也加の手が伸びて私を押さえ付けてきて！

「だめだよ、千里。そんな状態で私ら二人に抵抗しようなんてムリなんだから……」

そう言って、自分で浴衣を脱いで裸になりながら、私の浴衣の帯もほどいてきて。

「あ〜ん、千里のオッパイ、想像してたとおりの揉み心地！　大きいのにお餅みたいに柔らかくて……サイコー！」

心から嬉しそうにそう言いながら、春奈も自分の浴衣を脱いで裸になって……とうとう三人とも素っ裸になっちゃった！　何なの、これ!?

でも、二人がかりで私を押さえつけて、好き勝手にカラダ中をまさぐり回してくる彼女たちを見ながら、私はまた酩酊してきた頭なりに察し始めていた。

ひょっとして、春奈は最初から私をこうするつもりで温泉旅行に誘ってきた？　でもって、もし抵抗されたとき、自分一人の力じゃ心もとないから、それで助っ人要員として沙也加を同行して……ってことはもちろん、春奈と沙也加はとうに女同士の関係がデキてて、私は二人の罠にハマったたってこと……？

私の乳房を揉みしだきながら、さも美味しそうに乳首をチュパチュパと吸い舐める春奈と、私の股間に顔を突っ込んで、恥毛を掻き分けながら一心不乱にクリトリスを、肉のヒダヒダをしゃぶり回してくる沙也加を見ながら、私の考察は確信へと変わっていった。そして同時に、二人束になって注ぎ込まれる快感は信じられないほど甘美な高みへと昇っていって……！

「……んあっ、はぁ、あぁん……はっ、はっ、はぁ……あうう！」

「ほらほら、千里ったらもう、痛そうなくらい乳首ツンツンに突っ張っちゃって……やらしいわ～～～っ！　チュパチュパ、チュウチュウ……」

「ほんと、オマ○コのほうもすごいわよ！　大量にしたたったマ○コ汁がアナルのほうまで溢れ流れて……こっちも啜ってあげるわね。ジュル、ジュルジュルジュルッ！」

「あひぃ……ひあぁぁぁ～～～～～～っ！」

私は、同性に愛撫されることはもちろん、しかもそれが二人がかりでだなんて生まれて初めての体験で、最初こそ驚きと不安でいっぱいだったけど、次第にその男相手の、ピストン運動に終始する直線的で単純な快感とは全然違う、いつ果てるとも知れない深く複雑なエクスタシーに呑み込まれていって……いつの間にかすっかりトリコになってしまってた。

そんな中、ふと気づくと目の前には春奈の濡れた股間があり、私は何のためらいもなく、それにむしゃぶりついてた。生まれて初めて味わう同性の濡れた肉は、形容しがたいほど淫靡で美味だった。

「あ、ああ……そうよ、いいわあ、千里ぉ……ひあぁぁ！」

「ああん、千里ぉ、あたしも、あたしも舐めてえっ！」

その懇願に応えて、今度は沙也加の秘肉を舐めしゃぶってあげて。そしてその後、女三人の痴態はくんずほぐれつ激しくなる一方で、互いのアソコに出し入れされるのは舌から指へと変わり、そのうちオマ〇コ同士をヌチャヌチャと擦り合わせ、溶け乱れさせる淫交へと変わり……最終的に、春奈が持参してきたバイブを使って挿入し合い、イキ合うことで、私たちは放っておくといつまでたっても終わらない獣欲の夜に終止符を打った。

私はもう二度と、ノーマルな男女の世界に帰ることはできないだろう。

■私は無我夢中で彼を椅子に押し込んで座らせると、その股間の上にまたがって……

ウォーキング中の雨宿りでトンデモ行きずりカイカン体験

投稿者　三船麻央（仮名）／34歳／専業主婦

「おまえ、最近ちょっとたるんできてないか？」

もうとっくに立派なメタボ体形になってる夫にそう指摘され、おまえに言われたくねーわ！　と毒づきながら、でも自分でも確かに気になり始めてた……なんか私、お腹まわりとかタポッとしてきたよなあ、って。

私、もともと発育がよくて、若い頃から豊乳&たっぷりヒップ、おまけにムッチリ太腿の、いわゆるダイナマイトバディ・タイプで、そのおかげで昔から付き合う男に困ったことなかったけど、これが実はクセモノで、ちょっと食べ過ぎちゃったり、ぬるい生活送ってると、あっという間に脂肪化しちゃうのね。そういえば最近、運動のほうも……夫とのセックスレス状態も含めて、さっぱりだもんなあ……ヤバイよ、ヤバイよ！

ってことで一念発起！

朝はいろいろ慌ただし過ぎてムリだから、家事が一通り済んで、夫も小学生の息子も、それぞれ各自夜の自由時間に入る夜の八時過ぎから、毎晩一時間のウォーキングを日課にすることにしたの。燃やせ脂肪！　ってね。

で、それを始めて一ヶ月ぐらい経った頃だったかなあ。併せて食べるものもそれなりに節制してた甲斐もあって、順調に二キロぐらい体重も落ちて、よしよし、っていいかんじで調子に乗ってた私は、もう一日たりとも休みたくなくて……その日、ちょっと空模様が怪しかったんだけど、ウォーキングを決行したのね。

でも、歩き始めて三十分ほどが経ち、いいかんじでペースが上がって適度に汗ばんできた頃、いきなり激しく雨が降り始めちゃったの。それはもういわゆる『バケツをひっくり返したような』っていう表現がピッタリ合うようなもの凄さで、さすがにそのまま歩き続けるなんてムリ！　どこかに雨宿り避難を、と周囲を見回した私の目に飛び込んできたのは、いつもは前を素通りしてるだけの公園で……あ、ここならアレ、何ていったっけ？　『あずまや』だっけ？　壁はないけど屋根と座るところがあって一休みできるところ……そう思った私は公園の敷地内に駆け込んでいったのね。

そしたらその思惑通り、一分もしないうちに、土砂降りの雨でけぶる中にそれらしき建物が見えて、私は「やった！」とばかりに、もう一目散にそこへ！

ところが、ようやくその『あずまや』のところにたどり着いたはいいものの、そこには先客がいたの。もちろん、その先客もただ雨宿りしてるだけだったら、私もそこに「すみませーん」って言って交ぜてもらえばいいだけなんだけど……何やら様子がヘン。雨音に交じってやたら激しい息遣いが聞こえてくるし……。

私はどうにか端っこの屋根のあるところに身をひそめて、雨に濡れるのを避けながら『あずまや』の中を窺ってみると……あらビックリ！

そこには、熱烈なキスを交わしながらお互いのカラダをまさぐり合う、一組の男女の姿が！　遠くの街灯の明かりが辛うじてうっすらと届く程度の薄暗がりの中、よく目をこらして見てみるに、どうやら年の頃は私と同年代ぐらいのカップルみたい。

いやまあ、私としても覗き見趣味なんかあるわけもなく、とっととそこを離れたかったんだけど、なにせ土砂降りの雨の中そうすることもできず、申し訳ないから見ないように目を背けてたものの、二人の声と息づかい、そして何やら妖しい音が次第に激しく高まっていくのをいやでも聴いてるうちに、どうにも見ないわけにはいかなくなっちゃって……。

そして改めてガン見した二人は、いつの間にやら完全全裸状態に！

マジか!?　こんなとこでよくヤルよ！　って思ったけど、たしかにこんなシチュエーションだったら、普通はまわりに誰もいるはずないし、気分が昂ればヤッちゃう気持ちもわからないではないか……ごめんなさい、とんだオジャマ虫で（笑）。

とまあ、やむなく（？）二人が睦み合う姿を見てるしかない私だったんだけど、やっぱりというか、案の定……こっちまでムズムズ、ムラムラしてきちゃった。

だってその彼のほう、うちのブヨブヨの夫と違ってたくましく引き締まったカラダの上に、アレもすごい立派で……ビンビンに勃起したソレを一心不乱にしゃぶってる彼女のほうのキモチ、私もわかるわぁ。だって、コレが自分の中に入ってきて、奥までズンズン突いてくれるんだと思えば、そりゃもうより固く、より大きくすべく、死に物狂いにもなっちゃうわよね！

そんな彼女のほうも、決して胸とか大きくはないけど、きれいなバストラインが映えるいわゆる美乳タイプ。暗闇の中でも妖しくうねる色白の肢体とあいまってものすごくセクシーで、同性の私でもちょっと興奮しちゃうくらい。

ああん、いいなあ……あたしも混ざりたいなあ……。

二人の愛戯がどんどん激しく盛り上がって、ハァハァハァ、アンアンアン……という喘ぎ声と、ピチャピチャ、ジュルジュル、ヌチャヌチャ……といういやらしい音が高まっていくのを聴きながら、私はいつしか自分のカラダをまさぐり回してたわ。T

シャツをめくり上げてブラを外して乳房を揉み、乳首をいじくり、短いトレパンとショーツの中に手を突っ込んでアソコに指を抜き差しさせて……あ、ああん……。

と、どんどん勝手に気持ちよくなっていく私を尻目に、向こうもいよいよ前戯を終えて、本番に向かおうとしてるみたいだった。

『あずまや』の中央にある、そんなに大きくはないけど辛うじて女性一人なら寝そべられそうな木のテーブルの上に、彼が彼女を仰向けに横たわらせ、その上に覆いかぶさっていって……ヌジュプ、という世にもイヤラシイ音を響かせながら、ギンギンの立派なアレをヌレヌレの彼女のアソコに突っ込んでいって……！

「あ、ああっ！　んあぁぁ……はぁああっ……！」

「んんっ……はぁ、はぁ、はぁ……ああ、カスミ……！」

ああん……カスミさん、いいなあ！

なんて私は、洩れ聞いた彼女の名前を勝手に呼んでうらやましがりながら、ますます自慰行為を激しくしていって……もう乳首はビンビン、アソコは濡れ濡れのグッチャグチャだったわ。

そして、一段と激しく雨音が屋根を叩きつけてきたかと思った瞬間、

「……んああっ……イク、イクイク……あひぃぃぃ～～～～っ！」

彼女のあられもない嬌声が響き渡り……果てたみたいだった。

でも、彼のほうがイッた様子はない……。

そう思った私は、自分でも信じられない行動に出てたのね。

なんと私、いきなり彼らの前に姿を現すと、自ら衣服をかなぐり捨てて裸体を剥き出し、彼のほうにむしゃぶりついてたの！

「……な、なんですか、あなた⁉　ちょっと何してっ……！」

そりゃもうとんでもなく驚愕してる彼だったけど、私はもう自分を止められなかった。無我夢中で彼を椅子に押し込んで座らせると、その股間の上にまたがり、案の定まだギンギン状態のアレを、アソコで呑み込んでいって！

「あ、ちょ、や、やめ……くう、うっ……！」

謎の女のいきなりの乱入を何とか押しとどめようともがく彼だったけど、私だって一度咥え込んだ獲物を放すまいと、そりゃもう必死で……彼女にはない武器である魅惑の豊乳をユサユサとふり乱し、ムギュムギュと彼の口に押しつけて激しく迫りながら、腰を振り立て、胎内のアレをグイグイと締め付けていったわ。

するといつの間にか彼のほうも抵抗のためのもがきをやめて、その両手はしっかりと私の腰の両脇を摑んで……。

「んふぅ……はぁっ……あ、ああっ……」

より挿入が深くなるように、自分から突き上げてきてくれたわ。

それはもう最高の抱かれ心地、突かれ心地で、私の性感はうなぎ上り！

「あ、ああっ、あん……いい、いいわぁ……ああ、イクゥ……」

「はぁはぁはぁ、あぁっ……あ、オレも……で、出るっ……！」

「あ、ああ、あああ……あああぁ～～～～～っ！」

そして見事、二人そろってフィニッシュ！

ちなみにその間、さっきイキ果てた余韻もあって、私と彼の痴態を惚けたように見てるだけだった彼女だけど、事後いきなり怒りだしちゃって。

「ちょっとマサキ、なんでこんな変な女とヤッてんのよ！　あんたバカ⁉」

とか言って二人揉めてたみたいだけど、ようやく雨も弱くなってきたということで、そそくさと服を着て、その場を退散した私なのでした！

あーっ、久しぶりにマジ気持ちよかったあ！

■わたしは片手を下のほうにやると、ジーンズ越しに彼の股間に触れ撫でさすって……

淫乱モードのわたしはシャンプー台の男性客のアソコを！

投稿者 五十嵐李由紀（仮名）／24歳／美容師

その日、あたしはちょっとヘンだった。

それは、朝起きたときからなんかカラダがムズムズして、眠気まなこのままオナニーで一発抜いちゃった（？）くらい、もう超ヘン。カレシいない歴、もうそろそろ一年になろうかという、いい加減たまりまくった欲求不満がなせる、どエロ・バイオリズムのせいだったかもしれない。

もちろん、そのあと顔洗って、ゴハン食べて、出かける支度して、時間ギリギリで一人暮らしのアパートを飛び出して……んでもって、仕事先の美容院に出勤して忙しく立ち働いてるうちは、その『ヘンさ』もおとなしくしてたんだけど、書き入れ時の戦場のような時間帯を過ぎて、営業終了一時間半前っていう、それなりに余裕のあるタイムゾーンに入ってくると、また思い出したかのようにムラムラとエッチなエモーションがよみがえってきちゃって……ああん、もう！　早くうちに帰って、今度は愛

用のバイブでがっつり、たっぷりオナニーしたいよ～……って……ほんと、盛りのついたメス猫か、あたしはっ⁉

っていうかんじで、もうお客さんもまばらな店内、あたしを始めスタッフ一同がぼちぼち店じまいモードに入った頃合いのことだった。入口の呼び鈴が鳴って、お客さんが一人入ってきて、言った。

「すみません、予約してないんですけど、カット、いいですか？」

いつもだったら、こんな終わり間近の時間帯、しかも飛び込みの客なんて、みんな担当するのを嫌がるものだけど、このときあたしはすかさず、

「いらっしゃいませ！　はい、もちろん大歓迎ですよ！　あたし、五十嵐が担当させていただきまーす！」

と応じ、みんながちょっと怪訝な視線で見てるのにもかまわず、「ではまずこちらへどうぞー」と言って、シャンプー台のほうへさっさと案内していった。

いやもうこれが、わたしの好みド真ん中の爽やかイケメンだったの！　大学生くらいで、俳優でいうと坂○健太郎似のフンワリやさしいかんじ？

その健太郎くん（仮名）を一目見た瞬間、例のエッチ・エモーションがズッキーン！　と反応しちゃったあたしは、こいつはあたしのもんだぜ、とばかりにいち早く

担当を宣言しちゃったというワケ。

まあ、みんな苦笑しながらも、あたしの好きなようにさせてくれて……さすが付き合いの長いスタッフ、ここで変にとがめだてすると、あとであたしがコワ～イっていうのを、よ～くわかってらっしゃる（笑）。

で、シャンプー台。うちの店はメインのカット&パーマ等の施術ルームとシャンプー・ルームが別々になってて、シャンプー台が三つ並んだそこは、向こうからは見えないちょっとした個室っていう雰囲気。

わたしは直前に「ちょっとすみません」と言って、すぐ隣りにある従業員用休憩室で手早くブラジャーを外し、密かにノーブラの薄いカットソー一枚状態というエッチモードにチェンジ！（笑）それから部屋の一番奥にあるシャンプー台に健太郎くん（仮名）を寝かせると、「じゃあ、カット前に軽く流しますねー」と言って彼の顔の上にフェイスガーゼを載せ、シャワーの栓をひねってお湯を出し始め、「熱くないですかー？」と声掛けしながら身を屈ませていった。

そしてシャンプーして髪の中に指をからませていきながら、薄い布地一枚隔てただけで、重力でたぷんと下に垂れたノーブラの乳房の先っちょを、さりげなくゆっくりと彼の口もとに下げていって……、……あ、いま唇が乳首に触れた。

当然、彼のほうもその違和感に気づいた様子で、「……え？」と怪訝そうな声を出す。でもわたしはそれに気づかないふりで、「かゆいところはないですかー？」と訊きながら髪を洗いつつ、ますます身を屈めて乳房と彼の唇との接地面を大きくしていく。

すると、さすがの彼も、わたしの淫らな意図に気づいたみたい。

顔を横に傾けてフェイスガーゼをずらし、視界を確保すると、ニヤリと笑ってわたしの顔を見上げながらカットソーの布地ごと乳首を唇で含んできて……彼の唾液でジットリと濡れた布地が乳首にからみつきながら、チュウチュウと吸ってきて……。

「……んあっ、あ、あふ……んくぅ……」

もう気持ちよくてたまらなくて、わたしは息も絶え絶えにおねだりする。

「あふん……服をめくって……じかにオッパイ吸ってぇ……」

彼は言われたとおりに応えてくれて、ペロリとカットソーをめくり上げて乳房をあらわにすると、じかに乳房を舐め回し、乳首を吸いしゃぶってくれて……！

「あうっ！　んんっ……くふぅん……」

わたしは甘く喘ぎながら、思わず片手を下のほうにやると、ジーンズ越しに彼の股間に触れ、撫でさすってしまう。そこはもうすでにパツンパツンに固く大きく張り詰めていて、わたしのエロ・テンションもますます上がっちゃう！　……だけど。

ああ、もうシャンプー台に来てから十分近くが経ってる……これ以上長引くとさすがにみんなに変に思われちゃうわ……私はなけなしの自制心を振り絞ると、なんとかエロ行為を中断しシャンプー施術を終わらせて……一旦彼をメインルームのほうへと案内した。そして三十分後、カット終了。

「こんなかんじで如何でしょうか？」

「はい、バッチリかっこいいです！」

「ありがとうございます。じゃあ、髪の毛流しますねー」

わたしと健太郎くん（仮名）は再びシャンプー・ルームへ。

さっき同様、シャンプー台で頭を洗うわたしの生オッパイをしゃぶってくれる彼だったけど、今度は同時にスカートの中に手を突っ込むと、パンストをこじ開けてアソコを指で直接いじくってくれて……ジャージャーとお湯の立てる音で周りに聞こえることはないけど、わたしのアソコは信じられないくらい濡れてビチョビチョのドロドロで、そりゃもう世にもはしたない淫音を発してた。

わたしだって負けてない。

彼のほうもさっき、ビンビンになりつつも、じかに触ってあげることができずに生殺し状態だったわけで……今度はちゃんと気持ちよくしてあげなきゃ！

わたしも彼のジーンズのジッパーを下げると、下着をこじ開けて生ペニスを引っ張り出し、グイグイとしごいてあげた。あっという間に再勃起したソレは、ほどなく先端から透明な粘液を滲み出させ、私の手淫の動きに合わせて、ニチュ、ヌチュ、グチュ……といやらしく濡れ啼き始めて……。

と、ものの五分ちょっとの施術時間のうちに、お互いにまあまあいい線まで感じることができたけど、まあ結局は生殺し状態の域を出ないわけで。

えっ、それからどうしたって？

もちろん、そのあと示し合わせて店外で待ち合わせ、二人でホテルへ行ったわたしたちは、気の済むまでヤリまくったわ。

今でもお互い、いいかんじでセフレ付き合いしてるってわけ。

素人手記
暴かれた淫乱な私たち
～正淑な仮面の下に秘めた抑えきれない性欲～

２０２３年１０月２３日　初版第一刷発行

発行人　　後藤明信
発行所　　株式会社　竹書房
〒102-0075　東京都千代田区三番町８－１
三番町東急ビル６Ｆ
email：info@takeshobo.co.jp
ホームページ：http://www.takeshobo.co.jp
印刷所　　中央精版印刷株式会社
デザイン　　株式会社　明昌堂
本文組版　　ＩＤＲ